Wolfgang Victor Ruttkowski

Die Literarischen Gattungen

LITERATURWISSENSCHAFT

Wolfgang Victor Ruttkowski

Die Literarischen Gattungen

Reflexionen über eine modifizierte Fundamentalpoetik

LITERATURWISSENSCHAFT

Ruttkowski, Wolfgang Victor:
Die Literarischen Gattungen. Reflexionen über eine modifizierte Fundamentalpoetik.

2. Auflage 2014
ISBN: 978-3-86815-589-1
Coverbild: pixabay.com

Printed in Germany

Igel Verlag Literatur & Wissenschaft ist ein Imprint der Diplomica Verlag GmbH
Hermannstal 119 k, 22119 Hamburg
Printed in Germany

Die Deutsche Bibliothek verzeichnet diesen Titel in der Deutschen Nationalbibliografie.
Bibliografische Daten sind unter http://dnb.d-nb.de verfügbar.

So wunderlich sind diese Elemente zu verschlingen, die
Dichtarten bis ins Unendliche mannigfaltig; und deshalb
auch so schwer eine Ordnung zu finden, wonach man sie
neben- oder nacheinander aufstellen könnte, ... ein Schema
aufzustellen, welches zugleich die äußeren, zufälligen Formen und diese inneren, notwendigen Uranfänge in faß-
licher Ordnung darbrächte.

[Goethe in den *Noten und Abhandlungen
zum westöstlichen Divan,* 1814/19]

Laßt uns gerecht seyn, und glauben, daß unsere Nachkommen vielleicht noch andre Gattungen hinzufügen, und sich
wundern werden, daß sie den Genien unsrer Zeiten ver-
borgen geblieben sind ...
Vielleicht würden wir in Erfindung derselben noch glück-
licher seyn, wenn wir nicht zu schüchtern wären, von den
Fußtapfen der alten manchmal abzuweichen ... und, wie
manchmal die fernsten, unbekannten Länder eher gefunden
werden, als die nahegelegenen, so bemerkte es (das Genie)
vielleicht eher die Untergattung, als es die Hauptgattung
wahrnahm.

[J. A. Schlegel in *Von der Einteilung der Poesie,* 1571]

MEINEN FREUNDEN

I

VORBEMERKUNG

WEG UND ZIEL DER UNTERSUCHUNG

Das Problem der literarischen Gattungen ist wohl ebenso alt wie
das Nachdenken über Dichtung selbst. Denn was liegt der Literaturwissenschaft näher, als den Konstanten nachzusinnen, die über
die gegenseitige Bedingtheit von Gehalt und Gestalt (Struktur) der
einzelnen Sprachgebilde hinausreichen und diese überhaupt erst
vergleichbar machen! Diese Konstanten – Wirkungskräfte, die bereits *vor* dem einzelnen Schöpfungsakt existieren und deshalb mehrere Sprachgebilde beeinflussen können – sind zum Teil in der
Person des Dichters angelegt (Personalstil), zum Teil aber vor ihm
vorhanden. Zu letzteren gehören etwa die Ausdrucksmittel, die
die Sprache bereits entwickelt hat, die Geschmacksrichtung, die die
Kultur dem Dichter nahelegt (Zeitstil), schließlich die Forderungen, die der Stoff (Gehalt) und, mit ihm verbunden, die Gattung an
den Dichter stellen. Denn es ist rein empirisch unbestreitbar, daß
gewisse Stoffe und Gehalte im Laufe der literarischen Entwicklung
eine klar erkennbare Vorliebe für bestimmte Sprachstrukturen gezeigt haben. Verschiebungen der Zuordnung lassen sich zwar beobachten (wie im «bürgerlichen Trauerspiel»), aber die Zuordnung
selbst kann nicht geleugnet werden. Der Dichter muß sich also, sobald er sich für eine Gattung entscheidet, positiv oder negativ mit
deren Tradition auseinandersetzen. Die Art, wie das im einzelnen
Kunstwerk geschehen ist, gibt uns häufig den besten Ansatzpunkt
zu dessen Verständnis [1]. Darum ist es für den Interpreten so wichtig, die «Forderungen» der Gattungen zu verstehen und immer neu
zu durchdenken. Darum auch bleibt das Problem der Gattungen
eines der wichtigsten der Poetik, selbst wenn es immer wieder einmal aus der Mode kommt – oder gar die Relevanz der Gattungen
überhaupt abgeleugnet wird (Benedetto Croce) [2].

Mit dem Begriff Gattung werden mindestens dreierlei Dinge bezeichnet, und er muß deshalb erst eingegrenzt [3] werden: Einmal
benutzen wir ihn für feste Sprachstrukturen wie das Sonett oder
das Couplet, die sich für bestimmte Gehalte besonders eignen und
deshalb meistens mit ihnen verbunden auftreten – aber nicht im-

mer. (Wir bezeichnen deshalb zum Beispiel das gedanklich antithetische Sonett Petrarcas als «typisch» im Unterschied etwa zu Rilkes
Gebrauch der Form.) Andere Gattungen, wie die Ballade und mehr
noch der Roman, sind wesentlich weniger eindeutig als Sprachstruk-
tur definiert und auch die verschiedenen Gehalte betreffend stärker
aufgegliedert (Briefroman, Bildungsroman, Kriminalroman etc.).
Zweitens wird das Wort Gattung auch für Unterarten der eben
besprochenen Erscheinungen benutzt, wie «Schicksalsballade», «naturmagische» Ballade, «Gespensterballade» etc. oder die vielen Formen des Romans. Wir nennen diese hier zur Unterscheidung *Typen*[4]. Schließlich hat man auch von der Lyrik und Epik als
«Gattungen» gesprochen, das heißt von der vorwiegend lyrischen,
epischen oder dramatischen Dichtung. Wir nennen diese besser
Grundbegriffe oder *Grundhaltungen*[5]. Hier aber scheiden sich heute
die Geister: Für alle, die nicht an «Grundhaltungen» des Dichters
glauben, die sich in seinem Werk spiegeln und ihn sogar bei der
Wahl der Gattung bestimmen, meint der Begriff Lyrik nur die
Summe aller zur Diskussion stehenden Gedichte, der Begriff Epik
ebenso die Summe aller Epen, Romane, Novellen etc. und die weniger gebräuchliche Analogbildung Dramatik alle Theaterstücke beziehungsweise Dichtungen in Dialogform. Für diese, soweit sie nicht
bekehrt werden können, wird dieses Buch nicht geschrieben. Denn
es konzentriert sich gerade auf jenes Phänomen der Grundhaltungen, die über den rein dichterischen Bereich hinaus in das Allge-
mein-Menschliche weisen. So bedeutet «Lyrik» die *vorwiegend*
durch die lyrische Grundhaltung geprägte Dichtung, Epik und Dramatik das entsprechende. Wir begnügen uns deshalb nicht mit der
Feststellung und Unterscheidung von Strukturen, sondern fragen
nach ihrem Grund. Wir fragen, warum wir gewisse Kurzformen der Dichtung mit Vorliebe «lyrisch» nennen, andere meist
bedeutend längere zur Gruppe der epischen Dichtung zusammenfassen und gewisse Dialogstrukturen als «dramatisch» bezeichnen.

Aber das haben auch andere bereits gefragt, am gründlichsten
wohl Emil Staiger. Die Existenz von «Grundhaltungen» ist fast nur
Voraussetzung für das eigentliche Anliegen dieses Buches: Uns
interessiert hier vor allem die Frage, ob die seit der Renaissance
allmählich zur Denkgewohnheit gewordene Dreiheit der lyrischen,
epischen und dramatischen Dichtungen (und Grundhaltungen) un-

umstößlich festliegt und wirklich alle uns in der Dichtung begegnenden Gattungen erfaßt?

Dieses Buch ist deshalb keine Geschichte der Gattungstheorien in dem Sinne, daß wir hier alle Ansichten säuberlich aufzählen könnten, die im Laufe der Literaturgeschichte (und besonders der deutschen!) über das Wesen der einzelnen Gattungen und Typen vertreten worden sind. Wer Information über die Geschichte und Theorie einzelner Gattungen sucht, wird genügend Hinweise in der Bibliographie finden. Das Gebiet scheint (mit Ausnahme der eben erst ins Blickfeld rückenden Vortragsgattungen) erschöpft zu sein, obwohl das große zusammenfassende Spezialwerk noch fehlt[6]. Die Dreiheit der Grundbegriffe «episch-lyrisch-dramatisch» aber ist bisher noch kaum in Frage gestellt worden. Niemand hat das Fundament noch einmal überprüft[7], auf das überall gebaut wurde. Und eben das möchte dieses Buch mit der Einführung des vierten, vorläufig «artistisch» genannten Grundbegriffes neben den drei bisher geläufigen tun[8]. Denn es ist kein Zufall, daß die Vortragsgattungen im weitesten Sinne (der didaktische, rhetorische, kokettierende Publikumsbezug etc.) bisher nicht ganz in das System der Fundamentalpoetik paßten. Sie können erst mit der vierten Kategorie befriedigend erklärt werden.

Da es erfahrungsgemäß sehr schwer ist, auf einmal in vier Kategorien zu denken, wo man drei für endgültig und unumstößlich gehalten hat, muß ich vorsichtig[9] zu Werke gehen. Ich spreche zuerst über Einteilungsmöglichkeiten der Dichtung überhaupt, um Denkwiderstände abzubauen (II). Dann diskutiere ich die verschiedenen Einteilungskategorien (III) unter dem besonderen Gesichtspunkt der Struktur (Typen, Gattungen, Grundbegriffe) und versuche, sie voneinander abzugrenzen, indem ich ihr Wesen erläutere. Dabei muß auf die Unterschiede zwischen (limitierenden) naturwissenschaftlichen und (akzentuierenden) geisteswissenschaftlichen Begriffen eingegangen werden, weil naturwissenschaftliches Begriffsdenken in der Gattungspoetik noch immer Verwirrung stiftet[10]. Erst dann kann ich auf das Thema im engeren Sinne eingehen, auf die Grundbegriffe und Grundhaltungen. Wir dürfen nicht vergessen, daß die poetischen Grundbegriffe Kategorien sind, die wir – wie alle Kategorien – auf das Gewimmel der Einzelerscheinungen projizieren, um Ordnung zu schaffen. An alle «Grundbegriffe», besonders an neue, muß deshalb vor allem die

Frage gestellt werden, ob sie *hilfreich* für die Erkenntnis von Zusammenhängen sind. Hilfreich können sie aber letztlich nur sein, wenn sie in einem logischen Verhältnis zu den anderen Kategorien und den Erscheinungen, die sie erfassen sollen, stehen. Die Berechtigung der Konzeption von Grundbegriffen muß also diskutiert werden, bevor und nachdem diese selbst auf Sprachkunstwerke angewandt werden.

Bevor ich aber meine eigene Theorie einer modifizierten Poetik zur Diskussion stelle, soll der Leser kurz über die wichtigsten bisherigen Anschauungen zur Einteilung der Grundbegriffe (IV) informiert werden. Dann wird an Interpretationen verschiedener Beispiele aus den wichtigsten Gattungen die Auswirkung der Grundhaltungen gezeigt und gleichzeitig untersucht, ob die drei bisher gebräuchlichen (lyrisch-episch-dramatisch) jeweils ausreichen, alle Erscheinungen zu erklären (V). Schließlich wird aus den dabei gewonnenen Beobachtungen die Schlußfolgerung gezogen, daß eine vierte Grundkategorie im System der Fundamentalpoetik berechtigt und nützlich [11] wäre, und diese wird von den drei bisher bekannten abgegrenzt und als selbständige Grundhaltung beschrieben.

Die internationale Bibliographie soll dem Interessierten einen Überblick über das bereits vorhandene Schrifttum zum gesamten Gattungsproblem geben. Der detaillierte Index soll die schnelle Benutzung des Buches erleichtern.

Der heutige Leser hat nicht mehr die Zeit und Geduld, dicke Bücher durchzustudieren, wenn er nicht ganz sicher ist, daß es sich lohnen wird. Ich habe deshalb meine Gedanken etwa in Essaylänge zusammengefaßt und fast alle Diskussion des bereits vorhandenen Schrifttums in die Anmerkungen abgedrängt. Es bleibt also dem Interessierten, der es der Mühe wert hält, überlassen, sich dort zu überzeugen, daß ich das wichtigste Material kenne. Dennoch habe ich meine Ausführungen «Reflexionen» genannt, um anzudeuten, daß die Form, in der sie dargeboten werden, noch nicht systematisch ist und sein kann.

Zum Schluß möchte ich allen meinen herzlichsten Dank aussprechen, die mir beim Herausbringen dieses Buches geholfen haben. Durch wertvollen Rat standen mir der wissenschaftliche Lektor des Francke Verlages, Dr. H. Bender, und mein Freund Dr. Thomas Dieterich (Heidelberg) bei. Beim Korrekturlesen unterstützten mich meine Studenten und künftigen Kollegen: Elsbeth Schulz-Bischof,

Weg und Ziel der Untersuchung

Gerhard Mack und Klaus Weissenberger (alle University of Southern California, Los Angeles) und meine Freundin Olga Shnearer (Hollywood). Das Register fertigten E. Schulz-Bischof und Wayne Remington (C. L.) mit mir an. Die University of Southern California bewilligte mir eine großzügige finanzielle Unterstützung für dieses Buch.

II

ÜBER EINTEILUNGSMÖGLICHKEITEN VON DICHTUNG

NACH DICHTERN, EPOCHEN UND GATTUNGEN

Daß Dichtung gruppiert werden kann, erfahren wir unwiderleglich, sobald wir einen Buchladen betreten. Da werden uns Gedichtanthologien angeboten, oder etwa «Die Sagen des klassischen Altertums»; vielleicht auch «Die schönsten Novellen aus Boccaccios Dekamerone». Damit wären uns schon die drei wichtigsten Einteilungsmöglichkeiten begegnet:

Die Gedichtanthologien enthalten Stücke von verschiedenen Verfassern und aus verschiedenen Stilepochen. Gemeinsam haben sie nur die Gestalt des Gedichts, das heißt die Gattung. Es gibt aber auch Zusammenstellungen motivgleicher Gedichte (etwa Herbstgedichte, Liebesgedichte, Hochzeitslieder oder Todesklagen). Hier käme eine Gemeinsamkeit im Stoff oder gar Gehalt zu der in der Gestalt. Die Gestalt des Gedichtes selbst aber ist noch immer sehr mannigfaltig und eigentlich nur im Verhältnis zu anderen vergleichbaren Gruppen (Roman, Drama) klar unterschieden. Eine stärkere Eingrenzung in der Form böte etwa eine Anthologie von Meistersonetten der Renaissance, weil das Sonett in seiner Form relativ klar definiert ist. – Gemeinsam ist diesen Gruppierungen also die Vergleichbarkeit ihrer Glieder durch mehr oder weniger genau definierte stoffliche, gehaltliche oder formale Eigenschaften. Wir können sie ohne weiteres zusammenfassen, weil ihre Vergleichbarkeit im Sprachkunstwerk selbst begründet liegt und nicht außerhalb.

Anders ist es bei den «Sagen des klassischen Altertums». Bei diesen kommt zur gemeinsamen Gattung (Sage) noch die gemeinsame Zeit, in der sie entstanden sind und die sie widerspiegeln. Bei genauem Hinsehen erscheint eine Gruppierung von Sprachkunstwerken nach der Zeit, in der sie entstanden sind, problematischer als die nach Stoff, Gehalt und Gestalt. Denn falls es den sogenannten «Zeitgeist» wirklich gibt, so prägt er doch nur wenige Werke so klar, daß diese nicht durch andere Elemente (Stoff, Persönlichkeit des Dichters etc.) stärker charakterisiert würden. Wie viele typische Dramen der deutschen Klassik gibt es eigentlich? Wie

schwer ist es, das «typisch Barocke» der Barockdichtung zu definieren! Wie verschieden sind die großen Realisten (Keller, Raabe,
Fontane) voneinander! Daß der sogenannte «Zeitstil» [1] sich in
den verschiedenen Dichtern mehr oder weniger stark und ganz
unterschiedlich verwirklicht, ist ein Gemeinplatz, und ebenso, daß
die sogenannten «fließenden Übergänge» zwischen den relativ reinen Stilepochen länger sind als diese selbst. Schließlich weiß jeder,
daß sich die bedeutendsten Dichter (Jean Paul, Kleist, Büchner etc.)
am schlechtesten in das Epochenschema einordnen lassen. Es darf
auch nicht vergessen werden, daß Worte wie Klassik, Romantik,
Realismus und Symbolismus vielseitig angewendet werden können. Wir bezeichnen mit ihnen sowohl Kunstlehren (zum Beispiel
«Das Programm des Naturalismus») als auch Dichterschulen und
Kreise («Die Jenaer Romantik»), außerdem ganze Zeitperioden.

Doch gegen die Einteilung der Literatur in Stilepochen ist weniger eingewendet worden als gegen die in Gattungen. Der Grund
mag darin liegen, daß hier naturwissenschaftliches (limitierendes)
Begriffsdenken [2] nicht so falsche Erwartungen erregen konnte wie
bei den Gattungen.

Boccaccios Novellen schließlich verweisen uns auf die dritte
Hauptmöglichkeit der Gruppierung von Sprachkunstwerken: Die
Persönlichkeit des Verfassers ist in der Tat eine der unbezweifel-
baren Konstanten beim Vergleich von Dichtung. Wenn wir nicht
außer acht lassen, daß Autoren sich stark wandeln und verschiedenen Epochenstilen anpassen können (Goethe etwa oder Gerhart
Hauptmann), so bleibt doch besonders bei den Großen noch genug
«Personalstil», das heißt Ausdruck der Persönlichkeit im Gebrauch
der Sprache, so daß wir häufig selbst unbekannte Texte danach
identifizieren können.

Die verschiedenen Lehren von den Sprech- und Ausdruckstypen,
die besonders in Deutschland immer wieder neu durchdacht und abgewandelt worden sind, haben zusammen mit der Sprach- und
Ausdruckspsychologie unsere Sinne für stilistische Phänomene ge-
schärft.

Nun ist zwar die Prägung des Sprachkunstwerkes durch die Persönlichkeit des Verfassers kaum anfechtbar – jedoch für den modernen Interpreten nur zu einem gewissen Grade interessant. Denn
die Stilanalyse führt letztlich immer zu psychologischen Erkennt-
nissen. Wir erfahren, wie der Dichter die Welt erlebt und wie er

sein Erleben gestaltet. Das ist zwar sublimer als das Sammeln biographischer Fakten der positivistischen Literaturwissenschaft und das Aufspüren weltanschaulicher Hintergründe, das die Anhänger der geistesgeschichtlichen Methode praktizierten. Aber es ist schließlich nicht so weit von psychologisch verfeinerter Biographik und individualisierter Ideengeschichte entfernt. Die Fragestellung weist auf den Dichter, nicht auf das Kunstwerk [3].

Es läßt sich nicht leugnen, daß von den Konstanten beim Vergleich von Dichtung die beiden am wenigsten in Frage gestellt worden sind, die außerhalb des Sprachkunstwerkes liegen und deshalb den Interpreten nur bedingt interessieren können (Epoche und Person des Dichters). Im Zentrum des Interesses stehen deshalb jetzt zu Recht Stoff, Gehalt und Gestalt der Dichtung selbst [4]. Sie haben sich in der literarischen Entwicklung immer wieder zu relativ konstanten Strukturen verbunden, die wir Gattungen, Typen, Arten etc. nennen. Auf diese haben wir nun unsere Aufmerksamkeit zu richten. Denn zu der bereits erwähnten Rechtfertigung des Gattungsbegriffes durch die simple Erfahrung seiner Unentbehrlichkeit in Buchläden und Bibliotheken kommt noch eine andere, kompliziertere:

Wenn wir Gattungen zuerst einmal ganz äußerlich als allgemein anerkannte Gruppierungen literarischer Werke nach Ähnlichkeiten in Gestalt und Gehalt fassen, liegt es nahe, in einem großen Schema alle Gehalts- und Gestaltsmerkmale zusammenzustellen, deren fixierte Kombinationen somit die Gattungen konstituieren. Nun wäre aber ein solches Schema aller möglichen formalen, stofflichen und gehaltlichen Variationen endlos lang und – wenn überhaupt in einem Buch wiederzugeben – eine sinnlose Raumverschwendung. Albert Guérard gibt uns eine Aufgliederung der wichtigsten Typen der Erzählkunst (Types of Narrative Fiction) [5]. Obwohl er nur die allgemein anerkannten Varianten aufführt und Epos, Romanze, Allegorie und Fabel ausschließt, kommt seine Aufzählung einem solchen oben beschriebenen Schema nahe. Er belegt jede Variation mit Beispielen der Weltliteratur, und wir sehen hier die «fließenden Übergänge» zwischen den «standard types» deutlich. Die Aufgliederung dieser einen Gruppe erzählender Dichtung macht sofort klar, daß alle theoretisch möglichen Kombinationen in die Tausende gehen müßten, und daß es tatsächlich etwas wie Standardtypen (Standardkombinationen) gibt.

Einteilungsmöglichkeiten von Dichtung

Die rund zweihundert Gattungen, die wir heute unterscheiden können, sind diese Standardtypen. Sollten sich nun diese uns vertrauten Kombinationen als nicht zufällig erweisen, sondern etwa durch die besondere Eignung der in ihnen vereinten Faktoren füreinander erklären, so wäre die Existenz der Gattungen noch aus einem anderen, nicht empirischen Gesichtspunkt gerechtfertigt: dem ihrer Funktion [6].

Wenn wir allerdings dem Wesen dieser Funktion auf den Grund gehen, kommen wir notwendig wieder auf die Grundhaltungen – denn diese auszudrücken, ist die Funktion der Gattungen.

Es sind aber immer Gehalts- und Gestaltsmerkmale zusammen [7], die den Gattungscharakter bestimmen, und nicht eines dieser beiden allein. Wenn wir mit Herman Meyer [8] unter Struktur «die das Werk durchwaltende Ordnung» verstehen, «die bedingt wird durch den Charakter des Ganzen und der Teile in ihrem gegenseitigen Zusammenhang», so können wir also kurz sagen: Gattungen sind Gruppierungen von Dichtungen, die sich in entscheidenden Strukturmerkmalen ähneln. Meyer erklärt nämlich näher: «Form und Inhalt sind beide Material im Sprachkunstwerk, insoweit sie unterm Aspekt ihres isolierten Soseins betrachtet werden; sie gehören zur Struktur, insoweit sie miteinander in Verbindung treten und an der ästhetischen Ordnung des Werkes teilhaben, indem sie diese mitstatuieren.»

Jedes Sprachkunstwerk weist also neben individuellen Strukturzügen auch solche auf, die es einer Gattung (oder mehreren) zuordnen. Wir wären nicht in der Lage, die letzteren zu erkennen, wenn wir nur ein Beispiel einer Gattung zu Gesicht bekämen.

III

TYPEN, ARTEN, GATTUNGEN

UND «GRUNDBEGRIFFE» (GRUNDHALTUNGEN)

IM BEREICH DER DICHTUNG

Häufig findet man in literaturwissenschaftlichen Werken eine starke Unsicherheit, sobald es gilt, literarische Gattungen oder Typen zu beschreiben. So beginnt etwa im *Dictionary of World Literature* [1], dem von amerikanischen Studenten meistbenutzten literarischen Lexikon, die Bestimmung des Begriffes Essay mit dem Satz: «What the essay is has never been precisely determined.» Dieser Satz verrät, wie so viele andere in ähnlich resignierendem Ton, daß man von geisteswissenschaftlichen Begriffen, hier Gattungsbezeichnungen, die gleiche Präzision wie von naturwissenschaftlichen verlangt. Man erwartet also «limitierende» Definitionen, die eine scharfe Grenze zwischen allen Einzelerscheinungen ziehen, die auf Grund einer bestimmten Kombination von Eigenschaften noch von einem Terminus erfaßt werden – oder eben nicht mehr. So etwa, wie Materie mit der chemischen Formel H_2O nur die Eigenschaften des Wassers aufweisen kann und etwa H_2O_2 etwas grundsätzlich anderes ist, so erwartet man – zumindest unbewußt – von dem Begriff Novelle eine bestimmte Anzahl von Eigenschaften, die in jedem «echten» Exemplar verwirklicht sein müssen, damit den Erläuterer kein Unbehagen überfällt [2].

Man kann auch auf rein deskriptivem Wege die Fehler der normativen Poetik machen, wenn man nicht konsequent die jahrhundertealte Vorstellung von den «Ansprüchen der Gattung» aufgibt und sich das Wesen geisteswissenschaftlicher Begriffe klarmacht. Dieses ist nicht *limitierend*, sondern *akzentuierend*. Das heißt nicht nur, daß geisteswissenschaftliche Begriffe wie die Dichtungsgattungen «fließende Übergänge» haben, also «Mischtypen» häufig vorkommen; es bedeutet vor allem, daß Einzelcharakteristika zweitrangige Bedeutung haben und das Gepräge der Gattungen, ihr Konstantes, von etwas anderem bestimmt wird: Emil Staiger nannte es «Grundbegriffe» [3]; ich ziehe das Wort «Grundhaltungen» vor (und bezeichne als «Grundbegriffe» nur deren, allerdings noch abstrakte, Auswirkungen); die Sprechkundler nennen es

«Sprechhaltungen» und sind sich bisher wohl noch nicht darüber klargeworden, daß sie im Grunde dasselbe meinen wie die Fundamentalpoetik [4].

Bevor wir aber erläutern, was wir unter Gattungen und Sprech- oder Grundhaltungen im einzelnen verstehen, sei eingeräumt, daß es natürlich in der Literaturgeschichte etwas wie Tradition oder Nachahmung von Gattungsmodellen gibt. Man vergesse nicht, daß bis zu Goethe die literarischen Modelle eine viel größere Bedeutung hatten als heute. Zweifellos hat es immer Dichter gegeben – und nicht nur mittelmäßige –, die sich ganz bewußt das Ziel setzten, eine literarische Gattung wie etwa das petrarkische Sonett oder die sapphische Ode formal und gehaltlich zu erfüllen. Wir aber müssen fragen, was vor der Nachahmung liegt. Wie entstehen die Modelle? Und täuschen wir uns nicht: Ganz genau nachgeformt werden literarische Vorbilder nur von einigen epigonalen Kunstgewerblern. Wo ein moderner Dichter sich ehrlich um die Erfüllung der alten Form bemüht, schafft er doch etwas teilweise Neues. Wo alte Formen mit neuen Gehalten erfüllt werden, bilden sie sich meist auch selbst um [5].

Der Begriff «Sprechhaltung» ist von den Sprechkundlern, besonders von Drach und Marie Hed Kaulhausen [6] entwickelt worden. Er wurde meines Wissens bisher nur für die Gedichtinterpretation und Vortragsvorbereitung verwendet. Unter «Sprechhaltung» versteht man die psychophysische [7] Gestimmtheit des Dichtungssprechers und in Übertragung auch die des Dichters. Sie ist abhängig von der äußeren und inneren «Sprechsituation». Die «Sprechsituation» und «Sprechhaltung» determinieren alle Faktoren, die auf das gesprochene («Schallform») oder geschriebene (Stil) Sprachkunstwerk einen Einfluß haben können: Veranlagung (Typ) des Sprechers, seine Stimmung während des Sprechaktes, sein Anliegen, sein Publikum oder Gegenüber, die Art seines Kontaktes mit diesem («Sprechtypen») [8] – ja selbst äußere Bedingungen wie (vorgestellter oder realer) Raum des Sprechaktes, Richtung und Körperkonstitution des Sprechenden. Ein bisher kaum beachteter, aber mir wesentlich scheinender Faktor ist auch die Zeit, die dem Sprechenden zur Verfügung steht, und damit verbunden, die Konzentrationsfähigkeit und -willigkeit seines Publikums.

Der Einfluß der Sprechsituation ist dem Sprecher nur teilweise bewußt. Er kann aber leicht durch geringfügige Veränderungen und phonographischen Vergleich der Schallformen bewiesen werden. Es zeigt sich dann, wie außerordentlich empfindlich und abhängig von Stimmung, Raum und Publikum unsere Sprechleistungen sind.

Da der Dichter, auch wenn er selbst kein guter Rezitator ist, in fast allen Fällen seine Dichtungen «innerlich hört», bevor oder während er sie gestaltet, treffen für ihn grundsätzlich die gleichen Bedingungen zu wie für den Vortragenden. Der letztere muß versuchen, aus der fixierten Sprachgestalt die Sprechsituation herauszufühlen, die der Dichter beim Schaffensprozeß innerlich erlebt hat. Aus dieser wird er intuitiv die «richtige Schallform» gewinnen können, das heißt den Klang und Ausdruck, der dem vom Dichter gewollten am nächsten kommt. (Danach läßt sich nun auch leicht vorstellen, daß geschulte und sensible Vortragskünstler die vom Dichter gewollte Schallform häufig besser verwirklichen können als dieser selbst.) Unter den Faktoren, die die Sprechhaltung eines Dichters ebenso wie deren Nachvollzug durch den Vortragenden bestimmen, lassen sich temporäre von mehr konstanten sondern. Zu den temporären gehören natürlich die äußeren Bedingungen der jeweiligen Sprechsituation: etwa die Anforderungen, die an einen Redner gestellt werden, der ein Riesenpublikum hinreißen will und deshalb zu ganz besonderen Stilmitteln greift.

Zu den konstanteren Faktoren gehören alle, die in der Persönlichkeit des Dichters selbst angelegt sind: etwa eine humoristische oder didaktische oder lyrische oder dramatische Grundeinstellung zur Welt. Diese muß sich natürlich in allem ausdrücken, was der Dichter tut, besonders im Sprachkunstwerk. Und die konstanten Faktoren der Sprechhaltung sind nichts anderes als unsere «Grundhaltungen».

Wenn ein Dichter, wie etwa Jeremias Gotthelf, in erster Linie lehrhafte Prosa schreibt, oder Erich Kästner lehrhafte Gedichte – wenn diese beiden sich gelegentlich sogar selbst als «Schulmeister» bezeichnen –, wenn in ihrem Werk die erzieherische Absicht alle anderen sichtbar überformt, – darf man dann wohl von ihrer «didaktischen Grundhaltung» sprechen – und somit auch von der didaktischen Grundhaltung in ihrem Werk – und somit auch von der Prägung verschiedener Gattungen (hier Prosa und Gedichten) durch *eine* übergreifende Grundhaltung (hier die didaktische)? Denken wir daran, wie eben diese Grundhaltung in etwas anderer Färbung alle Werke Brechts bis in die kleinsten Stileinzelheiten prägt! Wir wissen, daß zum Beispiel die Prosa Kleists einen Charakter zeigt, der sie dem Drama naherückt, im Unterschied etwa zu Stifters ausmalender Distanz, die wir bereits als «episch» zu kennzeichnen gewohnt sind, oder zu einigen ergriffenen Naturschilderungen bei Jean Paul oder im *Werther*, die wir gelegentlich in Lyrikanthologien abdrucken, weil wir sie als der Lyrik nahestehend empfinden.

Daß es allgemeinmenschliche Grundhaltungen gibt, die sich – in verschiedenen Mischungsgraden – auch in der Literatur niederschlagen müssen, ebenso wie der Personalstil als ein Ausdruck der Persönlichkeit des Dichters aufgefaßt werden muß, leuchtet darum sicher ein. Es taucht nur sofort die Frage auf, welche Grundhaltungen es eigentlich gibt und in welchem Verhältnis sie zueinander stehen, ob gleich- oder übergeordnet. Ich nannte zuvor mehr als nur die lyrische, epische und dramatische. Und falls es mehr geben sollte als diese drei, wäre zu fragen, wie diese sich in der Literatur ausformen. Es müßte dann eigentlich Gattungen geben, die ebenso überwiegend von ihnen geprägt werden wie das homerische Epos durch die epische oder *Wanderers Nachtlied* durch die lyrische.

Diese Fragen können erst beantwortet werden, nachdem wir das Wesen der Gattungen noch genauer analysiert haben. Vorläufig wäre festzuhalten, daß wir unter einem Gattungstypus also nicht, wie einst die normative Poetik, ein Formideal verstehen wollen, das möglichst weitgehend verwirklicht werden muß — sondern eher einen unter bestimmten Bedingungen entwickelten Komplex von Formelementen, die einer besonderen Sprech- oder Grundhaltung besonders entgegenkommen, sich besonders für sie eignen.

Die Formelemente werden in jedem einzelnen Kunstwerk nur teilweise und in verschiedenem Ausmaß verwirklicht werden. Es versteht sich von selbst, daß der Wert des einzelnen Kunstwerkes nicht nach der Anzahl der in ihm verwirklichten Formelemente bemessen werden kann. Das Primäre ist die Grundhaltung, die sich der Mittel bedient, und nicht dieses Mittel selbst.

Es ist darum falsch, die Normen einer Gattung aus der Beschaffenheit ihrer Vertreter ableiten zu wollen, nach dem Prinzip: eine vollkommene Definition muß die Eigenschaften aller Beispiele umfassen; wenn sie ein Kunstwerk nicht deckt, taugt sie nichts. Dieses Vorgehen überträgt naturwissenschaftliche Prinzipien auf das falsche Gebiet und muß deshalb im Fall der literarischen Gattungen bald resignieren.

Es ist ebenfalls unangebracht, Gattungstypen *nur* von bedeutenden historischen Verwirklichungen (Meisterwerken der Dichtung) ableiten zu wollen, rein empirisch und ohne jedes a priori. Es gibt hier doch ein a priori: Grundvoraussetzungen, meist psychologischer Natur, die im zwischenmenschlichen Bezug und im Sprecher selbst angelegt sind, und die wir hier summarisch als Sprech- oder Grundhaltungen bezeichnen [9].

Sollte aber die Sprechhaltung nicht nur auf Entstehung und Vortrag einer Dichtung Einfluß haben, sondern könnten selbst die Gattungen sich aus ihr ableiten lassen, dann dürfte man erwarten, daß in allen Kulturen der Erde sich aus ähnlichen Sprechsituationen (falls solche vorhanden waren) ähnliche Dichtungstypen entwikkelt haben. Daß dem so ist, weiß jeder vergleichende Literaturwissenschaftler [10].

Doch bevor wir nach dem Wesen der Grundhaltungen forschen, fragen wir nochmals: Was ist eine Gattung? Wodurch grenzen wir sie von den anderen Kategorien, den Typen und Grundbegriffen, ab? Wer mit Dichtung umgeht, begegnet ihr immerzu. Er arbeitet mit gewohnten Begriffen wie Kunstlied, Ballade, Gedicht, Lyrik, Schicksalsballade, Gedankenlyrik, Sonett. Wer aber macht sich ihre Zusammenhänge klar? Denn in allen Sprachen werden die geläufigen Gattungsbegriffe (genre, type, kind) noch immer sehr ungenau angewandt. Versuchen wir einmal, Ordnung in die oben aufgezählten Bezeichnungen zu bringen (vgl. auch das Einteilungsschema am Endes des Buches).

Zuerst stellen wir fest, daß es sich hier nur um Namen handelt, die Ausformungen der großen Gruppe Lyrik bezeichnen. Neben dieser hätten wir die beiden anderen, Epik und Dramatik, anzuordnen. Unter ihr stünde wohl zunächst der Begriff Gedankenlyrik, weil er noch immer, wie etwa Gefühlslyrik auf gleicher Ebene, eine sehr große Gruppe von Dichtungen umfaßt. Eigentlich ist damit noch nichts über die sprachliche Form gesagt, in der sich die Lyrik äußert. Ich bin deshalb mit Staiger geneigt, von der lyrischen, epischen und dramatischen Grundhaltung zu sprechen und von den Grundbegriffen Lyrik, Epik, Dramatik. Später werde ich noch genauer erklären, warum ich mit den Grundbegriffen nicht nur die Summe der lyrischen, epischen oder dramatischen Dichtungen meine, sondern vor allem Dichtung, die vorwiegend von den entsprechenden Grundhaltungen geprägt worden ist. «Gedankenlyrik» spezifiziert nur einen der Grundbegriffe und gehört deshalb als Untergruppe zu diesem. Man könnte noch weiter spezifizieren, etwa mit dem Begriff «didaktische Gedankenlyrik». Wichtig aber ist nun, daß wir bei den beiden letzten Begriffen noch immer nichts über die Sprachgestalt ausgesagt haben, obwohl wir bei «Gedankenlyrik» automatisch an das Sonett denken müssen und bei «didaktischer Gedankenlyrik» an den Spruch. Aber es gibt eben neben dem Spruch die Sonderformen des Epigramms oder der lehrhaften Xenie und neben dem Sonett zum Beispiel noch die Ode, die ebenfalls Gedankenaussprache sein kann.

Wir sehen, daß gewisse Grundhaltungen in der Geschichte der Literatur eine Vorliebe für bestimmte sprachliche Formen gezeigt haben. Es wäre später zu untersuchen, warum. Theoretisch gäbe es zwei Erklärungsmöglichkeiten: Ein Dichter in grauer Vorzeit könnte bewunderte Exempel geschaffen und damit den Anfang für eine Tradition gesetzt haben. In diesem Fall müßten wir aber sofort weiterfragen, warum jener Dichter einen bestimmten Gehalt gerade in jener Form ausgedrückt hat und nicht in einer anderen. Und warum haben seine Exempel spätere Generationen so überzeugt, daß sie über Jahrhunderte im gleichen Stil weiterdichteten? Die andere Erklärung ist natürlich die, daß gewisse Sprachformen für bestimmte Gehalte besonders geeignet sind und sich deshalb so lange halten, wie es diese Gehalte gibt. Formen sich aber die Erlebnisse der Menschen in einer gewandelten Welt um, so tut das alsbald auch die Sprachform. Diese Erklärung scheint einleuchtender, wenn wir die Entwicklung verschiedener Gattungen (zum Beispiel Tragödie, Roman, Ballade) überschauen.

Wir haben aber noch nicht alle anfangs genannten Begriffe eingeordnet. Nun erst kommen wir zu denen, die uns im täglichen Literaturbetrieb am häufigsten begegnen: Ballade, Sonett etc. Hier aber stocken wir schon wieder. Denn Ballade und Sonett sind doch Begriffe von sehr unterschiedlicher Schärfe. Während das Sonett auf Strophen- und Zeilenzahl, Reimschema und Gehaltsstruktur (Bruch nach den beiden Quartetten) genau festgelegt ist, kann die Ballade eine Handlung in unterschiedlicher Länge und in fast jeder Strophenform gestalten. Charakteristisch sind nur der erzählende Stoff und die andeutende Helldunkeltechnik, in der erzählt wird.

Selbst die Art des Stoffes ist noch mannigfaltig aufgegliedert (numinose Ballade: naturmagische B., Gespenster-B., Schicksals-B.; historische B.; Bänkel-B. etc.).

Wenn dagegen Rilke das Sonett ohne die antithetische Struktur zur Darstellung einer römischen Fontäne benutzt, empfinden wir das beinahe als Mißbrauch. Der Gebrauch dieser so stark vorgeprägten Form scheint uns in diesem Fall nicht gerechtfertigt, die weit elastischere Struktur des lyrischen Liedes wäre eventuell sogar angemessener gewesen.

Dennoch fassen wir Sonett und Ballade auf einer Ebene zusammen. Wir nennen diese Gruppen Gattungen [11], weil sie (ebenso wie Lied, Roman, Tragödie usw.) bei aller Variabilität noch immer genügend Gehalt-Gestalt-Konstanten aufweisen, um eine Einordnung zu ermöglichen.

Das Kunstlied bildet wie das Volkslied eine Ausformung der Gattung Lied. Wir sprechen hier am besten zur klaren Unterscheidung von Typen (ebenfalls bei weiterer Aufgliederung nach dem Gehalt: Tanzlied, Trinklied, Wiegenlied etc.). Eine klare Unterscheidung ist allerdings gerade bei den Typen des Liedes doch nicht immer möglich, weil Volks- und Kunstlied schwer voneinander abzugrenzen sind (zum Beispiel Goethes «Volkslieder»). Wir haben uns damit abzufinden, daß unsere Begriffe die Phänomene nicht so scharf abgrenzen wie die naturwissenschaftlichen. Auch die verschwommene Kategorie «Drama» macht Schwierigkeiten. Zwar hat Gustav Freytag den Bau der Handlung sehr genau beschreiben können, und viele spätere Dramaturgien haben uns gerade in das Wesen dieser Gattung tiefe Einblicke ermöglicht. Aber die Abgrenzung zur Tragödie zum Beispiel verschwimmt, weil letztere Gattung sich nur durch den Gehalt (Ausgang) vom Drama unterscheidet und nicht auch durch formale Elemente. Man fragt sich deshalb, ob nicht «Drama» der allgemeine Gattungsbegriff sein und «Tragödie» als ein Typ angesehen werden sollte. Die Abgrenzung der Begriffe Lustspiel, Komödie, Posse, Farce etc. bereitet ähnliche Schwierigkeiten.

Wir verstehen nun, weshalb sich viele Interpreten vor einer Diskussion der Gattungen scheuen. Am wohlsten fühlt man sich noch bei den Gruppierungen, die wir Typen nennen, weil diese am klarsten abzugrenzen und konkret zu beschreiben sind. Dies mag auch ein Grund dafür sein, weshalb es längst Geschichten der Ode, Elegie, Ballade usw. gibt, aber noch immer keine zusammenfassende Geschichte aller wichtigen Gattungen.

Nun haben wir aber das Wort «Gedicht» noch nicht untergebracht. Es bezeichnet doch wohl, wie Lyrik, Sprachkunstwerke, in denen die lyrische Grundhaltung vorwaltet, ist aber mehr auf die (relativ kurze, strophische) Sprachgestalt bezogen.

Hier treffen sich also auf annähernd gleicher Begriffsebene (denn noch immer sind wir nicht bei den einzelnen Gattungen) zwei Bedeutungen in zwei Begriffen: die mehr konkrete Vorstellung «Gedicht» weist auf das Äußere, die abstraktere «Lyrik» betont mehr die Grundhaltung. Dem entspräche in der dritten Gruppe etwa das Verhältnis der Begriffe «Theaterstück» und «Dramatik».

Zur besseren Unterscheidung sollten wir «Gedicht» und «Theaterstück» nicht als Grundbegriffe, sondern als Sammelbegriffe bezeichnen. Aber auch die Grundbegriffe Lyrik, Epik und Dramatik werden in diesem doppelten Sinne verwandt, indem sie manchmal die Grundhaltungen meinen (zum Beispiel «Die Lyrik jener Romanpassage von Jean Paul ist ergreifend»), meistens aber auch auf die Form weisen («Dieses Buch enthält fast nur Lyrik», gemeint sind Gedichte). Für den ersten Fall sollte deshalb besser das substantivierte Adjektiv (das Lyrische) benutzt werden.

Genau genommen, haben wir also folgende poetische Einteilungskategorien zu unterscheiden:

1. die in einem Sprachkunstwerk sich auswirkenden *Grundhaltungen* (zum Beispiel die lyrische –) oder

2. die ihnen entsprechenden und bereits in der Sprache erscheinenden *Elemente* (das Lyrische, Epische etc.);

3. die Sprachkunstwerke, in denen diese Grundhaltung die anderen überformt, die *Grundbegriffe* (Lyrik, Epik etc.);

4. *spezifizierte Grundbegriffe* (zum Beispiel Gedankenlyrik) und weiter spezifizierte (didaktische Gedankenlyrik);

5. auf die Gestalt zielende *Sammelbegriffe* (zum Beispiel Gedicht);

6. die *Gattungen* als relativ konstante Strukturen (Kombinationen von Inhalt, Gehalt und Gestalt, z. B. Spruch oder Epigramm);

7. die *Arten* oder *Typen* als weiter spezifizierte Gattungen (zum Beispiel nach Verfassern: die martialische Xenie, das petrarkische Sonett – oder nach Stilepochen: das römische Epigramm – oder

nach Inhalt: Bauerntragödie, Kriminalroman; Gehalt: Schicksalsballade, sozialistischer Song; Gestalt: Shakespeare-Sonett).

Es wäre gut, wenn man sich darauf einigte, den Typ-Begriff
jeweils für den begrenzteren Bereich zu verwenden (zum Beispiel
Gattung: Ballade, Art: numinose Ballade, Typ: naturmagische Ballade, Gespensterballade; oder, falls man Tragödie und Komödie als
Arten des Dramas betrachten will und nicht als selbständige Gattungen, Gattung: Drama, Arten: Tragödie, Komödie u. a.; Typen
der ersteren: Barocktragödie, klassische Tragödie, bürgerliche Tragödie, Bauerntragödie etc. — Typen der Komödie: Charakter-
komödie, Situationskomödie, Konversationskomödie etc. Einteilungsschema mit mehr Beispielen am Ende des Buches.) Wenn
wir versuchen würden, die bekannten Grundbegriffe, Gattungen
und Typen in einer Synopsis zusammenzustellen, müßten wir uns
darüber klar sein, daß es sich hier nicht um ein logisches
System handelt, sondern um ein empirisch abgeleitetes. Die Gattungen haben sich entwickelt, bevor irgend jemand an ihren logischen Zusammenhang denken konnte. Sie haben sich «historisch»
entwickelt, das heißt unter teilweise alogischen Bedingungen.

Den Gattungstheorien von Aristoteles bis zum heutigen Tage
kann man leicht ansehen, daß sie immer von dem jeweils vorhandenen Erfahrungsmaterial abgeleitet wurden, nicht von logischen
Kategorien [12]. Wir übersehen heute mehr Literaturen und längere
Abschnitte ihrer Geschichte als je zuvor ein Systematiker der Poetik.
Deshalb sollte unsere Synopsis die vollständigste sein, die bis zu
diesem Moment möglich ist. Eben darin liegt aber auch ein Hinde-
rungsgrund für solch ein System: es wäre zu umfangreich. Was
Aristoteles und selbst den Renaissance-Poetiken noch möglich war,
einen Kanon der Gattungen zu geben, dürfte uns schwerfallen,
weil die «alten» Gattungen sich um ihr Vielfaches aufgegliedert
und vermehrt haben. Es wäre auch zum Beispiel sinnlos, orien-
talische oder asiatische Literaturformen einzubeziehen, zu denen
wir kein Verhältnis haben, weil wir sie nur vom Hörensagen
kennen. Wir beschränken uns also auf die für uns aktuellen Erscheinungen.

Gibt es nun gar keine logischen Beziehungen zwischen unseren
Gattungen? Mit dieser Behauptung würden wir uns selbst wider-
sprechen. Denn wenn wir darauf aufmerksam machen, daß unsere
Gattungssynopsis empirisch gewonnen wurde, haben wir damit

noch nicht ausgeschlossen, daß bei der Entwicklung der Gattungen selbst logische (etwa sprachpsychologische) Faktoren wirksam waren. Wir erwähnten diese bereits im Zusammenhang mit den Grund- oder Sprechhaltungen, und diese Frage muß später noch einmal in Verbindung mit einer modifizierten Poetik erörtert werden.

Jedoch die Verwechslung dieser beiden Dinge: der Beobachtung, daß Gattungen sich historisch entwickeln und deshalb alogischen Einflüssen unterliegen und daß unsere Gattungsbegriffe empirisch gewonnen und deshalb nicht logisch abgrenzbar sind, einerseits – und dem Festhalten der Systematiker an logischen Kategorien andererseits –, hat Verwirrung gestiftet und Mißtrauen gegen alle Gattungssysteme hervorgerufen.

DIE ENTWICKLUNG DER DREI GRUNDBEGRIFFE

«LYRISCH – EPISCH – DRAMATISCH»

VON ARISTOTELES BIS EMIL STAIGER

Wenn wir die Geschichte der Gattungstheorien überschauen, stellen wir überrascht fest, daß sich die Lehre von den drei Grundbegriffen Lyrik-Epik-Dramatik erst relativ spät entwickelt hat, eigentlich erst in der Zeit Schellings und Victor Hugos. Von der Antike bis zur Renaissance wurde die uns so selbstverständliche Dreiheit noch nicht einmal formuliert [1].

Das hat vor allem zwei Gründe: einmal leitete man die Gattungstheorien fast ausschließlich von dem damals vorhandenen Erfahrungsmaterial ab, das anders aussah als unsere Literatur. Zum andern, und damit verbunden, konzentrierte man sich nicht auf Grundhaltungen, die sich in der Literatur niederschlagen, sondern auf äußere Einzelphänomene wie Vers und Prosa, Inhalt, Gehalt und Zweck der Dichtung. Zur Analyse von menschlichen Grundhaltungen ist die psychologische Einsicht notwendig, die erst die Neuzeit entwickelt hat.

Über die antiken Klassifizierungen der Literatur sind sorgfältige Untersuchungen angestellt worden [2]. Hier soll nur festgestellt werden, was für unsere Fragestellung wichtig ist.

Genau genommen, machten die Theoretiker bereits vor Plato die Unterscheidung zwischen Literatur und Dichtung, jedoch in etwas anderem Sinn als wir. Zur Literatur hätten sie kunstvolle Reden, die platonischen Dialoge und die hervorragenden Geschichtswerke von Herodot und Thukydides gezählt. Zur Dichtung aber gehörte nur versifizierte Sprache von Rang und mit bedeutendem Gehalt.

Den Unterschied der Gattungen begründeten die antiken Denker fast durchweg mit den verschiedenartigen Medien (Monolog, Dialog etc.), Stoffbereichen (niedere-höhere Sphäre, Landleben, Politik, Götter) und Zwecksetzungen (Katharsis, Erheiterung, Festdekoration, Siegerehrung etc.). Damit setzten sie Denkmaßstäbe bis zum Sturm und Drang.

Plato teilt die Literatur in lyrische (das heißt bei ihm und seinen Zeitgenossen: solche, die mit Musik vorgetragen wird), und nichtlyrische ein – und die letztere wiederum in Vers- und Prosaform. Die Lyrik ist ohne Musik undenkbar und wird nach der Art der vorherrschenden Stimmung unterschieden. Die Dichtung ohne Musik dagegen wird der Erzähltechnik entsprechend gegliedert. Es ergibt sich also etwa folgendes Schema:

I. Mit Musik vorgetragene Dichtung (Lyrik)
  1. klagende (in mixolydischer und hyperlydischer Tonart)
  2. ausschmückend verherrlichende (jonische und lydische Tonart)
  3. heldisch-tapfere (phrygische Tonart)
  4. besinnliche (dorische Tonart)

II. ohne Musik
  1. Dichtung
    a) einfache Erzählung (zum Beispiel Dithyrambe)
    b) dramatische Erzählung (zum Beispiel Tragödie und Komödie)
    c) gemischte Erzählung (zum Beispiel Epos)

  2. Prosa

Aristoteles sieht im wesentlichen zwei Hauptklassen der Literatur: Poesie (Versdichtung) und gehobene Prosa.

Die Redekunst klassifiziert er als Mischform. Die «nützliche» Prosa teilt er in logische, rhetorische und historische ein, die jeweils von verschiedenen Kompositionsgesetzen reguliert wird. Jedoch spricht er in der Praxis von den durch die Sache bestimmten Gruppen, zum Beispiel der Naturphilosophie, Medizin, Politik, Redekunst und Geschichte.

Sein berühmtes Büchlein [3] ist vielfach mißverstanden worden und hat doch einen ungeheuren Einfluß bis heute gehabt. Man neigt heute dazu, in ihm mehr den Versuch eines pragmatischen Überblicks als ein dogmatisches System zu erblicken. Seine Einteilung läßt sich folgendermaßen zusammenfassen:
Dichtung wird unterschieden nach

I. den Ausdrucksmedien:
  1. den literarischen (Sprache allein)
  2. den lyrischen (Sprache mit Rhythmus und Musik)
  3. den theatralischen (Sprache und Gestus)
II. dem dargestellten Objekt:

1. es erhöhend, verherrlichend
2. es realistisch bewertend
3. es herabsetzend

III. der Sprachgestaltung:

1. durchgehend erzählend
2. erzählend und dialogisierend
3. dialogisierend (dramatisch)

Diese charakteristischen Züge können sich nun in den verschiedensten Kombinationen zu den tatsächlichen Gattungen verbinden. Natürlich hat die Geschichte nicht alle theoretisch möglichen Verbindungen verwirklicht.

Es ist interessant zu beobachten, wie hier bereits die Dreizahl dominiert. Im Grunde erklärt sich ihre Überzeugungskraft, sobald sie einmal etabliert war, einfach. Es ist das Verhältnis von Pol, Gegenpol und Vereinigung – These, Antithese und Synthese –, das «so», «anders» und «sowohl als auch» wie in der Einteilung in: nur gesprochene, nur geschriebene und sowohl gesprochene als auch geschriebene Literatur. So wird hier in II das Darstellungsobjekt entweder erhöht oder herabgesetzt oder schließlich keines von beiden.

Daher kommen wohl auch die immer wieder vorgebrachten «Verschmelzungstheorien». Schon Aristoteles und später Horaz unterschieden Dichtung, in der der Dichter nur in eigener Person spricht (Lyrik)[4], von solcher, bei der er hinter seinen Charakteren verschwindet (Dramatik) und schließlich von solcher, in der er teils als Erzähler selbst spricht, teils seine Personen sprechen läßt (Epik). Was liegt näher, als die Epik als eine Mischung von Lyrik und Dramatik anzusehen? Demgegenüber hielten zum Beispiel Immermann und der Münchener Dichterkreis um Maximilian II. die Dramatik für eine Verschmelzung von Lyrik und Epik.

Interessant ist auch, daß bereits Aristoteles die dramatische Darstellungsweise nicht auf das theatralische Ausdrucksmedium begrenzen wollte. Denn er erwähnt die Dithyrambe, die ja zu den lyrischen Medien gehört, als elementares Beispiel der dramatischen Gestaltung. Damit wäre hier bereits am Anfang der von uns überschaubaren poetischen Reflexionen im Ansatz die Theorie von den Grundhaltungen vorweggenommen, die sich auch in den Formen fremder Gattungen ausprägen. Im allgemeinen sind wir geneigt,

Goethe diese Entdeckung zuzuschreiben (Balladentheorie vom Urei, in dem sich lyrische, epische und dramatische Elemente mischen) [5].

Auch in der Unterscheidung zwischen durchgehender und «gemischter» Erzählweise (III) werden bereits im Ansatz psychologische Gesichtspunkte eingeführt. Im allgemeinen bezeichnet Aristoteles die erste als subjektiv und die zweite als objektiv. Darin hat er bis zum heutigen Tag viele Nachfolger gefunden. (In mancher Hinsicht gehört Käte Hamburger [6] zu ihnen, von der später die Rede sein wird.) Aber er weist bereits darauf hin, daß jemand, der durchgehend in der ersten Person spricht, absolut objektiv eingestellt sein kann, während jemand, sich hinter einer beliebigen Anzahl fiktiver Personen versteckend, doch schrankenlos subjektiv schreiben kann. Weder in der Haltung noch im Gehalt braucht eine zitierte Äußerung objektiver zu sein als eine in eigener Person vorgebrachte. – Hier wird also schon klar gesehen, daß die erzählerische Technik nur Hinweis, nicht aber verbindliche Anweisung für die Erzählhaltung ist.

Aristoteles benutzt sein Begriffssystem mit gutem Erfolg zur Beschreibung der Literatur seiner Zeit. Er definiert etwa die Tragödie als theatralisch im Medium, erhöhend in der Darstellungsweise der Personen und dramatisch in der Sprachgestaltung. So kann er sie leicht von verwandten Gattungen abgrenzen: ihr Vorläufer, die Dithyrambe, unterscheidet sich im Medium, die Komödie im Objekt, das heroische Epos sowohl in der Sprachgestaltung als auch im Medium.

Aristoteles berücksichtigt aber nur die sogenannte nachahmende (mimetische) Dichtung. Deshalb passen etwa medizinische Anweisungen, Geschichtsschreibung und physikalisch-philosophische Spekulationen nicht in seine Definition der Dichtung.

Eine Abhandlung, die wahrscheinlich im letzten Jahrhundert v. Chr. von einem gewissen Coislinius verfaßt wurde, bezieht aber die «nicht nachahmende» Literatur ein, weil auf diesem Gebiet viel geschrieben worden war, dem man den Kunstwert schlecht absprechen konnte. Sein System ließe sich folgendermaßen abstrahieren:

I. Nicht nachahmende Dichtung:

   1. historische

   2. belehrende

      a) didaktische (gemeint ist wohl: pädagogische, eventuell auch Rhetorik)

b) theoretische (gedacht ist sicher an Medizin, Physik, Philosophie etc.)

II. nachahmende Dichtung:

1. erzählende
2. dramatische, direkt Handlung darbietende
   a) Komödie
   b) Tragödie
   c) Mimus
   d) Satyr-Spiel

Die lyrischen Gattungen werden hier überhaupt nicht erwähnt.

Vielleicht haben wir die erste vollständige Geschichte der literarischen Gattungen und ihre logische Einteilung Theophrastus (ca. 372 bis 288 v. Chr.), dem Verfasser der amüsanten *Charakterbilder* [7], zuzuschreiben. Aber leider blieb sie uns nicht erhalten. Wir spüren nur den bedeutenden Einfluß, den dieser Denker auf Varro, Sueton und Diomedes bis in das Mittelalter, ja bis in unsere Zeit ausübte.

Der *Ars Poetica* des Horaz liegt etwa folgende Einteilung der Dichtung zugrunde:

I. Nicht dramatische Formen, eingeteilt nach dem Metrum und dem für dieses typischen Gehalt:

1. Hexameter – Epos
2. Elegie
3. iambische Poesie
4. lyrische Poesie (eine Mischung von Lehrgedichten, Preisgesängen, magischer Orakeldichtung etc.)

II. dramatische Formen, nach Inhalt und Gehalt eingeteilt:

1. Tragödie
2. Satyr-Drama
3. Komödie

Wir können hier nicht auf die vielen unlogischen Züge und ihre Gründe eingehen. Das ist in den Spezialwerken, auf die wir unseren Überblick stützen, geschehen.

Suetons (70–140 n. Chr.) Buch *De Poetis* ist uns ebenfalls nicht als Ganzes erhalten. Wir dürfen aber wohl aus der Einteilung, die Diomedes (4. Jh. n. Chr.) gibt, auf die des Sueton schließen. Danach gäbe es drei Arten der Dichtung:

Die Entwicklung der drei Grundbegriffe

I. die dramatische (aktiv, nachahmend, mimetisch):
1. Tragödie
2. Komödie
3. Satyr-Drama
4. Mimus

II. die durchgehend erzählende:
1. weltanschauliche [8] (Maximen, Charaktere von Theognis)
2. historische (Genealogien, eingeschlossen die von Hesiod)
3. didaktische (Philosophie, Naturwissenschaft, Landwirtschaft, wie bei Lukrez)

III. die nicht durchgehend erzählende (nach Metrum eingeteilt):
1. Epos (heroisch)
2. Elegie (traurig, sorgenvoll)
3. iambische Dichtung (angreifend, kriegerisch)
4. Epoden (im Stile des Horaz)
5. Satiren (nach der Art der alten Komödie, die Laster darstellend)
6. Bukolische Dichtung (bäuerlich, Pastoralen)

Dieses Schema kommt unserer geläufigen Einteilung in lyrische, epische und dramatische Gattungen am nächsten. Es ist noch immer rein empirisch gewonnen, betont aber bereits die besondere Eignung einzelner Sprachformen (Metren) zur Gestaltung bestimmter Stimmungen. Aus diesen Ansätzen entwickelte sich dann später in römischer Zeit der Glaube an die Verbindlichkeit der Gattungen. Das heißt, es war nun nur noch erlaubt, bestimmte Themen und Gehalte in bestimmten Sprachformen auszudrücken.

Die normative Poetik der Renaissance hatte schließlich eine begrenzte Anzahl von klar definierten und durch ihre antike Abstammung ehrwürdigen Gattungen, deren «starre Forderungen» [9] der Dichter zu erfüllen hatte. Danach wurden seine Erzeugnisse bewertet.

Noch A. W. Schlegel [10] glaubte daran, daß die Gattungen von der «Natur» gewollte Formen seien und daß die Griechen sie am klarsten realisiert und damit die für immer gültigen Muster gegeben hätten.

Zusammenfassend läßt sich über die antiken Klassifizierungen der Dichtung sagen, daß unsere modernen «Grundbegriffe» in ihnen zwar gelegentlich auftauchen, jedoch in der Regel nur verkappt. Das Hauptgewicht wurde auf folgende Einteilungskategorien gelegt:

1. auf den schriftlichen, mündlichen oder gemischten Charakter der sprachlichen Äußerung –
2. auf die Formungsstufen: Prosa und Vers –
3. auf den praktischen oder ästhetischen Zweck der Literatur –
4. auf Inhalt und Bestimmung der sprachlichen Mitteilung –
5. schließlich auf die Sprachgestalt selbst (Versmaß, Dialog etc.).

Eine Zusammenschau der zuvor besprochenen antiken Systeme gäbe etwa folgende Einteilungsmöglichkeiten:

I. Nur gesprochene, nie aufgeschriebene Literatur –

II. Nur geschriebene Literatur mit wenig Beziehung zum Vortrag –

III. Vortragsverbundene Literatur, durch Schrift teilweise überliefert – aber erst im Vortrag ganz lebendig:

  A. Prosa

  1. dichterische Prosa:
    a) Redekunst
    b) Deklamationsdichtung
    c) Dialogdichtung
    d) künstlerische Geschichtsschreibung
    e) künstlerische Kritik
    f) Sonderfälle: Mimus, Brief, Prosa-Satire etc.

  2. praktische Prosa:
    a) Philosophie
    b) Naturwissenschaft
    c) Geschichtsschreibung
    d) Gesetzschriften
    e) rhetorische und grammatische Schriften
    f) alle übrigen Fälle

  B. Vers

  1. bloßer Vers
  2. Poesie
    a) Epos (eingeschlossen: didaktische, historische und bukolische Epen)
    b) Elegie (eingeschlossen: Epigramm)
    c) iambische Dichtung

d) Lyrik
e) Tragödie
f) Komödie und Mimus
g) Satire

Es muß zum Schluß betont werden, daß ein solcher historischer Überblick über die Einteilung der Dichtung in der Antike weder einen beweisenden noch einen verdächtigenden Charakter für die Theorie einer modifizierten Poetik hat. Auch ein gelegentlicher Irrtum in der Abstraktion der Schemata aus dem Text der diskutierten Abhandlungen bedeutet wenig für die Hauptthese dieses Buches. Es sollte hier nur ein Bild davon gegeben werden, woraus sich unsere geläufigen Grundbegriffe der Poetik entwickelt haben.

Auffallend ist im Vergleich die starke Betonung des Publikumskontaktes in der Dichtung. Das kommt einmal durch die Wichtigkeit des Vortragscharakters zum Ausdruck. Alle bedeutende und als Kunst angesehene Literatur war eigentlich für den Vortrag gedacht. Sie wurde schriftlich *und* mündlich überliefert. Schulkinder lernten noch in römischer Zeit den gesamten Homer auswendig. Dichter wurden bei den Festspielen preisgekrönt, nachdem man ihre Werke gehört, nicht gelesen hatte. Das breite Publikum lernte Literatur fast nur mit den Ohren kennen: im Theater, auf dem Marktplatz und bei den Wettkämpfen [11].

Zum andern aber weist die Bedeutung der rhetorischen Gattungen, die heute kaum mehr zur Dichtung gezählt werden, auf die Wichtigkeit des Sprechkontaktes als latente Kategorie hin (Redekunst, Dialogdichtung, künstlerische Kritik). Man könnte deshalb in der Antike vier Gruppen unterscheiden:
die lyrischen Kurzformen mit Musikbegleitung –
die epischen Langformen –
die dramatischen Gattungen und
die rhetorisch-didaktische Literatur.

Scaliger, der wohl bedeutendste Gattungstheoretiker der Renaissance [12], unterscheidet noch immer zwischen einfacher Erzählung (als Beispiel gibt er Lukrez) und Gespräch (Drama). Das Epos hält er für eine Mischform der beiden ersten, jedoch für die edelste Gattung.

Boileau beschreibt im «2. canto» seiner *Art Poétique* nur die kleinen Gattungen, die wir heute als lyrische zusammenfassen würden: die (elegante) Idylle, die (klagende) Elegie, die (kraftvolle) Ode, das (klar abgrenzende) Sonett, das Rondell (gallischen Ursprungs), die (altertümliche) Ballade, das (edle und zarte) Madrigal und schließlich Satire und Spottgesang (Vaudeville). Im «3. canto» erwähnt er fast nebenbei, daß nach seiner Ansicht die Tragödie, das Epos und die Komödie die Hauptgattungen seien. Im übrigen aber sind ihm die Gattungen in ihrer Daseinsberechtigung so selbstverständlich, daß er niemals ihre Grundlagen diskutiert. – Ähnlich ist es bei Hugh Blais und bei allen neoklassischen Theoretikern. Sie diskutieren zwar die «Reinheit» der Gattungen, ihr Alter und ihre Rangordnung, nicht aber das Wesen der Gattungen in ihrer Abhängigkeit von den Grundhaltungen.

Erst in der Romantik begann man wirklich, von der induktiven (geschichtlich analytischen) Betrachtungsweise zur deduktiven überzugehen, indem man die Gattungen aus Gestaltungsprinzipien und Grundhaltungen abzuleiten trachtete. Da aber noch keine klaren sprachpsychologischen Kategorien entwickelt waren, setzten nun die vielen gewagten Spekulationen ein, die dieses Problemfeld so verdächtig gemacht haben. Man erlag nun vollends der Faszination der Dreizahl und versuchte, die Grundbegriffe der Poetik mit denen anderer Gebiete zu koordinieren. Am wenigsten können solche Vergleiche überzeugen, wo ganz verschiedenartige Kategorien zusammengezwungen werden, wie etwa in den ersten Beispielen, die unten in Tabellenform zusammengestellt sind. Am meisten haben natürlich Vergleiche mit anderen sprachwissenschaftlichen Grundbegriffen für sich, etwa mit denen der Sprachpsychologie oder Linguistik.

Victor Hugo ordnet der Dreiheit schon 1827 (im Vorwort zu seinem Drama *Cromwell)* historische Perioden und deren angebliche Höhepunkte zu:

Lyrik	*Epik*	*Dramatik*
Primitivzeit	Antike	Moderne
Bibel	Homer	Shakespeare

Das Krampfhafte solcher Bemühungen wird besonders an der Verbindung: Lyrik-Primitivzeit-Bibel klar. Schon Schelling meinte, daß die historische Reihenfolge der Gattungen, in der man die Epik vor der Lyrik ansetzte, der logischen (Lyrik – Epik) nicht entspräche.

Die Entwicklung der Grundbegriffe

Aber in ähnliche Richtung denkt noch Ernst Cassirer mit seinen Stufen des Sprachgebrauchs, wenn auch unendlich vertieft:

Phase des sinn-lichen Ausdrucks	des anschaulichen Ausdrucks	des begrifflichen Denkens

Staiger übernahm diese Kategorien in sein System [13].

Grillparzer versuchte einmal, die Grundbegriffe mit *räumlichen Kategorien*, «Standpunkten der Anschauung», zu verbinden:

Aussicht	Umsicht	Ansicht

Sinnvoller scheinen die vielen Versuche, *Zeitkategorien* heranzuziehen. Jean Paul koordinierte

Lyrik	*Epik*	*Dramatik*
Gegenwart	Vergangenheit	Zukunft.

Darin folgten ihm Roman Jakobson, Wolfgang Kayser und Emil Staiger, der letzte an Heideggers Zeitbegriff orientiert. John Erskin entschied sich aber 1912 für eine andere Zuordnung:

Gegenwart	Zukunft	Vergangenheit;

und E. S. Dallas wiederum für eine andere:

Zukunft	Vergangenheit	Gegenwart.

Eine größere Übereinstimmung findet sich in der Zuweisung des *Personalbezugs* zu den poetischen Grundbegriffen:

Lyrik	*Epik*	*Dramatik*
1. Person Singular	3. Person	2. Person

Darin stimmen Jakobson, Dallas, H. Junker und viele andere überein. Nahe mit der vorigen verwandt ist die Zuordnung der Grundbegriffe zur Dialektik der *Subjekt-Objekt-Beziehung*, wie wir sie in den großangelegten Systemen der Ästhetik bei Hegel und Vischer finden:

Lyrik	*Epik*	*Dramatik*
subjektiv	objektiv	subjektiv/objektiv
These	Antithese	Synthese

Hier sei an Aristoteles und Horaz erinnert:

der Dichter spricht in eigener Person	beides	der Dichter verschwindet hinter den Personen;

ferner an die vielen anderen Theorien, die das Existentielle der Lyrik und den fiktiven Charakter der Epik beziehungsweise Dramatik betonen.

Kurt Berger [14] vergleicht mit *menschlichen Grundvermögen:*

«Gefühl,	Anschauung	und Idee werden in
Lyrik,	*Epik*	und *Dramatik*

sprachlich gestaltet, nicht mit Hilfe der Sprache, sondern in ihr und aus ihr.»

Darüber hinaus aber werden Parallelen zur *bildenden Kunst* gezogen:

Malerei	Relief	Plastik oder:
Malerei	Plastik	Architektur

Schließlich werden die Grundbegriffe immer wieder mit *Menschentypen* und *psychologischen Erlebnisformen* verbunden:

vasomotorisch	imaginativ	motorisch

Wundt begibt sich ebenfalls auf ein höchst gefährliches Gleis, wenn er die drei Grundhaltungen mit folgenden drei *Typen der Weltanschauung* koordiniert [15]:

Lyrik	*Epik*	*Dramatik*
Psychologismus	Naturalismus	Idealismus

und sogar innerhalb des Dramas wiederum differenziert:

subjektiver –	objektiver –	absoluter Idealismus
Personen-Drama	Handlungsdrama	«klassisches» Drama.
(zum Beispiel frz.	(Sturm und Drang,	
Klassizismus)	Naturalismus,	
	Moderne)	

Oder *Seelenvermögen* werden verglichen (Körner):

Fühlen	Denken/Erkennen	Wollen

oder schließlich *Hauptausdrucksformen und -tätigkeiten:*

Song	Tale	Play (Dallas)
Poetry	Fiction	Drama (Warren/Wellek)
Song	Narration	Dialogue

Die Entwicklung der Grundbegriffe

Singen	Erzählen	Darstellen
Description	Narration	Exposition

Staiger und ich selbst würden allerdings «Description» unter
Epik einordnen, weil zur Beschreibung eben jene Distanz nötig ist,
die den Lyriker nicht auszeichnet, sondern für den Epiker typisch
ist.

Sprachwissenschaftler wie Révész [16], Bruno Snell und H. Junker,
dessen Kategorien wir hier wiedergeben, fanden ein System für die
Leistungen der Sprache, in dem die drei Grundbegriffe der Poetik
stillschweigend mitenthalten zu sein scheinen:

Leistung:	Kundgabe	Auslösung	Darstellung
Richtung:	expressiv	impressiv	demonstrativ
Person:	ich	du	er, sie, es
Erlebnissphäre:	emotional	intentional	rational
Gruppen:	Stimmung	Befehl	Vorstellung
	Gefühl	Wunsch	Denken
		Frage, Zweifel, Streben	

Wir möchten beinahe hinzufügen:
dichterischer Ausdruck in:

Lyrik	Dramatik	Epik

müßten aber feststellen, daß die Kategorien der zweiten (dramatischen) Gruppe nur in Hinsicht auf die Spannungsträger innerhalb
des dramatischen Kunstwerkes anwendbar sind. Sobald sie in anderer Richtung, der des Publikums oder Lesers, verstanden werden,
wäre eine vierte Gruppe notwendig.

Die eingehendste Untersuchung und Beschreibung der drei poetischen Grundkategorien hat wohl Emil Staiger geleistet (ich gehe
darauf aber erst im übernächsten Kapitel im Zusammenhang einer
modifizierten Fundamentalpoetik ein).

Die drei Grundbegriffe können aber selbst noch weiter differenziert werden, etwa in der Art, die Eduard von Hartmann [17] vorschlug:

1. Vortragspoesie
   A. Epik:
      a) plastische oder rein epische E.
      b) malerische oder lyrische E.

B. Lyrik:
   a) epische L.
   b) rein lyrische L.
   c) dramatische L.

C. Dramatik:
   a) lyrische D.
   b) epische D.
   c) rein dramatische D.

II. Lesepoesie

Dieses Schema hat der Comparatist Albert Guérard [18] unter Weglassung der Unterscheidung in Vortrags- und Lesepoesie abgewandelt und mit Beispielen der Weltliteratur versehen:

Lyrik:
   lyrische oder reine Lyrik: Goethes *Wandrers Nachtlieder*
   epische oder erzählende Lyrik: *The grand old Ballad of Sir Patrick Spence*
   dramatische Lyrik: Robert Browning

Epik:
   lyrische Epik: *The Faerie Queene*, Byrons *Don Juan*
   erzählende oder reine Epik: Homer
   dramatische Epik: *Notre Dame de Paris*, *A Tale of Two Cities*, Dantes *Inferno*

Dramatik:
   lyrische Dramatik: Opern, Wagners *Tristan und Isolde, Sommernachtstraum, Der Sturm,* Hauptmann: *Die versunkene Glocke,* Oscar Wilde: *Salome,* Maeterlinck, Gabriele d'Annunzio
   epische Dramatik: Aeschylos, Shelleys *Prometheus Unbound,* Paul Claudels *Tête d'Or,* Wagners Tetralogie, Hardys *The Dynast*
   dramatische oder reine Dramatik: Scribe, Sardou, Dumas Fils, Molière.

Diese Art der Aufgliederung mußten wir erwarten, da wir von Anfang an betont haben, daß sich im Sprachkunstwerk mehrere oder alle Grundhaltungen mischen, wobei eine die anderen überprägt. Wenn wir drei Grundhaltungen annehmen, müssen sich also neun Kombinationsmöglichkeiten ergeben. Dabei bleiben wir immer noch im Bereich der Grundbegriffe.

Wolfgang Kayser [19] hat aber in etwas anderer Weise überzeugend bis in die einzelnen Gattungen und Typen hinein fortdifferenziert. Da er alle Gruppen mit feinsinnig interpretierten Beispielen belegt, stellt seine Untersuchung eine der bedeutendsten systematischen Leistungen in der deutschen Gattungspoetik dar.

Er unterscheidet zuerst zwei Aspekte der «Gattungen im weiteren Sinne» (unsere Grundbegriffe): «Darbietungsformen» (Lyrik, Epik, Dramatik) und «Naturformen» oder «Grundhaltungen» (Das Lyrische, Epische und Dramatische). Das Wort «Naturformen», das Kayser von Goethe übernimmt, halte ich für irreführend, weil er ja gerade zwischen (Grund-)Haltungen und (Darbietungs-)Formen unterscheiden will, wie ich es im 3. Kapitel ebenfalls versuchte. (Die Darbietungsformen könnten statt dessen auch als Naturformen bezeichnet werden, weil sie sich von den einzelnen historischen Gattungen und besonders von den künstlichen Sprachstrukturen [Ghasel, Sonett] durch ihre Bedingtheit durch die «Natur» des Menschen unterscheiden.)

Die drei Grundbegriffe werden nun folgendermaßen aufgegliedert:

I. DIE LYRIK:

1. *Haltungen:*
   Dic episch-lyrische: das lyrische Nennen, Spruch
   die dramatisch-lyrische: das lyrische Ansprechen, Ruf
   die eigentlich lyrische: das liedhafte Sprechen, Lied;
2. diesen entsprechen mit eigenen Sprachgebärden die lyrischen *Gattungen* im engeren Sinn mit ihren verschiedenen *Redeweisen:*
   a) die Hymne: Aufsingen zu höheren, göttlichen Mächten
   b) die Dithyrambe: Steigerung zur Ekstase, Verwandlung, stark dramatische Züge, Vorläuferin des Dramas
   c) die Ode: rationaleres, umsichtiges Sprechen, Normen, feierlich
   d) das Epigramm: Sinn-Sprechen, auf realere niedere Dinge bezogen
   e) das Lied: etc.
3. diese Gattungen oder Redeweisen verfestigen sich in verschiede-

nen *Redeformen*, die auch die *Innere Form* eines Gedichtes genannt werden. Jede Gattung oder Redeweise kann sich in mehreren Redeformen niederschlagen. Sie bekommt in der *Inneren
Form* erst Abschluß und Gestalt, wie etwa die Musik Bachs in
der Fugenform, die Musik Beethovens in der Sonatenform mit
ihren vier Sätzen oder in der Sinfonie. Zwar kann man etwa
die Musik Gershwins im Radio an wenigen Takten durch ihren
besonderen Charakter (Redeweise) erkennen. Aber einen voll-
kommenen Genuß der *Rhapsodie in Blue* kann man erst bekommen, wenn man alle Sätze bis zum Ende gehört hat.

Solche *Innere Formen* wären etwa bei der Ode: die Mahnung,
die Beklagung oder ein Entschluß – bei der Hymne: Lobpreis,
Verfluchung, Anklage – bei dem Lied: Jubel, Klage, Bitte, Gebet, Zuspruch – bei dem Epigramm: Sinnspruch, Verkündi-
gung, Beschwörung, Bekenntnis, usw.

II. Die Epik:

Hier gliedert Kayser nicht in der gleichen Weise weiter:

... selbst, wenn es gelänge, zu einer Typologie der Erzählhaltungen zu
kommen, so wäre damit für eine Gattungslehre von der Epik nicht
sehr viel gewonnen. Denn Epik breitet Welt aus. In der Lyrik wurde die
Welt in der Ergriffenheit eingeschmolzen: die Haltungen, in denen die
Kundgabe erfolgte, waren entscheidend für den Gattungscharakter. In
der Epik dient das Erzählen dem Erschaffen von Welt. Es stimmt sich
selber auf die Artung der zu erzählenden Welt ab: die morphologische
Frage, wie die Welt aufgebaut ist, kann allein die Frage nach den möglichen Gattungen lenken ...

Als morphologische Gebilde, aus denen sich die epischen Groß-
formen entwickeln und zusammensetzen, weist er die von André
Jolles beschriebenen *Einfachen Formen* nach (Legende, Sage, Mythe,
Rätsel, Spruch, Märchen, Witz etc.) [20]. Als die drei Strukturelemente
der epischen Formen nennt er: Figur, Raum und Geschehen.

Als Gattungen, die sich aus den einfachen Formen unter vor-
wiegender Prägung einer der drei Strukturelemente herausgebildet
haben, beschreibt er zum Beispiel den Kriminalroman als Groß-
form, die aus der einfachen Form Rätsel erwachsen ist. Conan
Doyle machte mit genialem Griff den Detektiv zur zentralen «Figur». Sherlock Holmes ist mehr als der Enträtseler des speziellen

Falles in einer Kriminalgeschichte, er wurde zu einer Art Held. Andere solche beherrschenden Figuren wären etwa Faust und Don Quixote. Als Form, in der ein Geschehen zentral als schicksalsvolle Begegnung erfaßt und erzählt wird, beschreibt er die Ballade. Aber besonders in der Novelle bestimmt das Geschehen mehr als Figuren und Raum die Struktur des Ganzen. Unter «Raum» versteht er alles Zuständliche, nicht nur die Landschaft. Eine Kurzform, in der die Beschreibung des Raumes in diesem weiteren Sinne überwiegt, ist die Idylle.

Kayser unterscheidet nun auch innerhalb der einzelnen Groß-formen nach den drei Hauptsubstanzen: Figur, Geschehen, Raum. Er sieht etwa die *Ilias* als «Geschehensepos», die *Odyssee* als «Figurenepos» und Dantes *Divina Commedia* als größten Repräsentanten «der Gestaltung der totalen Welt unter Führung der Raum-substanz». So trennt er auch, mit Einschränkungen, den Geschehensroman vom Figurenroman und Raumroman und steht dabei nicht ganz allein. Denn Edwin Muirs Typologie ähnelt der von Kayser (dramatic novel, character novel, chronicles) und ebenso die von Günther Müller (Roman der Entwicklungen, Roman der Seele, Roman der Zuständlichkeiten). Wir können nicht in Einzelheiten [21] gehen, obwohl die Beispiele interessant sind. Hier bliebe noch

III. DIE DRAMATIK:

Bei aller Eigenart der dramatischen Welt ist doch auch sie aus Geschehen, Figuren und Raum aufgebaut. So sind denn die drei möglichen Gattungen: Geschehnisdrama, Figurendrama, Raumdrama.

Der Klassik wurde die Handlungstragödie die reinste Form des Dramas. Denn das Figurendrama läuft leicht Gefahr, undramatisch zu werden, während das Raumdrama sich leicht ins «Epische» auswächst. Die Bestimmungen des Aristoteles treffen eigentlich vornehmlich das straff strukturierte und konzentrierte Geschehensdrama. Dieser Gattung ist eine Tendenz zu den berühmten drei Einheiten der Handlung, des Raums und der Zeit immanent.

Mit all dem offenbart sich aber nun auch die innere Anlage des Handlungsdramas, das Tragische in sich aufzunehmen und zur Tragödie zu werden. Es erweist sich als fruchtbar, das Tragische als Lebensphänomen und die Tragödie als dramatische Kunstform, die sich des Tragischen bemächtigt, auseinanderzuhalten.

Viertes Kapitel

Es ist nun amüsant zu beobachten, wie Kaysers feinsinnig ausgeklügeltes System, das den literarischen Einzelerscheinungen interpretierend gerecht wird wie kaum ein anderes, im letzten doch auf die gleiche Einteilung wie die von E. v. Hartmann und Guérard hinausläuft. Denn es wird im Lauf der Darstellung immer klarer, daß die Strukturen, in denen die Darstellung des Raumes überwiegt, stark lyrisch überformt sind –, die dagegen, in denen die Figuren zum Gestaltungsprinzip werden, der epischen Grundhaltung nahestehen –, und schließlich alle Formen, in denen die Handlung dominiert, stark dramatisch geprägt sind. Wir erfahren aber nie, wie weit sich Kayser selbst dieser Verwandtschaft bewußt war. Denn anfangs setzt er sich betont von Versuchen ab, die die epischen und dramatischen Grundbegriffe ebenso wie die lyrischen von den Grundhaltungen her aufgliedern wollten: «In der Epik dient das Erzählen dem Schaffen von Welt. Es stimmt sich selber auf die Artung der zu erzählenden Welt ab: die morphologische Frage, wie die Welt aufgebaut ist, kann allein die Frage nach den möglichen Gattungen lenken.» In diesen Sätzen scheint mir ein Trugschluß zu liegen: Er wird bedingt durch die etwas phrasenhafte Vorstellung vom «Erzählen» als «Erschaffen von Welt». In Wirklichkeit wird Welt in Auswahl abgeschildert oder Welterfahrung in freien Kombinationen wiedergegeben. Das Erzählen stimmt sich dabei nicht auf die Artung der zu erzählenden Welt ab, sondern die Weltschilderung hängt von der Mentalität (Grundhaltung) des Erzählers ab. Drum wird keineswegs «die morphologische Frage, wie die Welt aufgebaut ist, *allein* (!) die Frage nach den möglichen Gattungen lenken», sondern die Grundhaltung des Dichters wird seine Welterfahrung und -gestaltung von vornherein bestimmen. Sagen wir es konkret: der dramatisch inklinierte Dichter wird vor allem den Reiz des Geschehens gestalten, der Epiker wird mit Liebe und Anteilnahme bei den Personen verweilen, und der Lyriker wird vor allem den Raum und seine Stimmung verdichten.

Trotz dieses Irrtums scheint uns Kaysers Analyse der Gattungen und Grundhaltungen neben der von Staiger zum wichtigsten zu gehören, was auf diesem Gebiet geschrieben worden ist. Sie zerrt nicht fremde Kategorien auf ein Gebiet, wo sie nicht ganz hinpassen, sondern hält sich wirklich an die dichterischen Phänomene selbst. Jede abstrakte Behauptung wird ständig durch feinsinnige Interpretation illustriert und beglaubigt.

Die Entwicklung der Grundbegriffe

Eine originelle Analyse der Grundbegriffe leistete in etwas anderem Zusammenhang Käte Hamburger. Sie kommt durch unabhängiges Denken teilweise zu neuen, überraschenden Ergebnissen, die etwas Bestechendes an sich haben. Zuerst einmal teilt sie die Dichtung in zwei Hauptgruppen ein:

Fiktionale oder mimetische, und lyrische oder existentielle Dichtung. Aristoteles beschäftigte sich nur mit der ersten Gruppe, zu der Käte Hamburger Roman, Epos, Drama und Film rechnet. Die zweite Gruppe enthält die Lyrik.

Hier fragen wir allerdings sofort: Ist Lyrik immer existentiell? Kann sie nicht auch artistisch, nachempfunden, fiktiv sein? Bei der vorgoethischen Lyrik, die sich (auch den Gehalt betreffend) in festen Traditionen bewegte, und auch bei moderner Lyrik scheint es uns zweifelhaft, ob immer das eigene Erleben gestaltet wird. Gibt es andererseits keine existentiellen Romane? Sind Goethes *Werther*, Hesses *Steppenwolf* oder *Peter Camenzind* nicht bei weitem existentieller als viele lyrische Gedichte, in denen etwa Natur geschildert wird? Die Ballade soll eine Mischform aus fiktionaler Handlung und existentiellem Erleben sein. Gibt es nicht auch fiktionale Gefühle, die uns von einem bedeutenden, vorgeformten Stoff nahegelegt werden?

Die eigentlich interessanten Ergebnisse dieser Untersuchung kommen aber im Vergleich von fiktionaler Erzählung (epische Fiktion) mit sogenannter historischer Erzählung (zum Beispiel im Tagebuch) heraus. Die letzte hat eine «reale Ich-Origo» in der Person des Erzählers, die epische Fiktion aber statt dessen «fiktive Ich-Origines» (Personen). Deshalb ist die Handlung bei der einen Art auf den Erzähler und Leser bezogen, bei der anderen aber auf die Personen der Handlung selbst. Damit wiederum hängt die atemporale Bedeutung des «epischen Praeteritums» zusammen. Das Praeteritum in der epischen Fiktion hat, wie die Verfasserin in vergleichenden Analysen ähnlicher Texte beider Gruppen einleuchtend zeigt, keine Vergangenheitsfunktion. Es versetzt uns nicht mehr in das Gefühl, etwas Vergangenes, bereits Abgeschlossenes zu erleben, als etwa die erlebte Rede, das historische Praesens oder das Praesens in der Utopie. Das «epische Praeteritum» hat eher die Funktion, die dargebotene Handlung von der tatsächlichen Person des Erzählers unabhängig zu machen, so daß wir sie als Gegenwart erleben können. Die gleiche Funktion erfüllt bei den dramatischen

Gattungen die Verlegung der Handlung auf eine Theaterbühne mit Rampe und Vorhang. In einem modernen und verfeinerten Sinn wiederholt Käte Hamburger damit die antike Erhellung des Gattungscharakters vom Kontext her. Besonders wichtig sind wegen ihrer Neuheit hier die Kapitel über die «filmische Fiktion» (S. 134) und über die Ballade und ihr Verhältnis zu Bild- und Rollengedicht.

Zum Schluß dieses gedrängten historischen Überblicks wäre zu fragen, ob denn niemand die Dreiheit der Grundbegriffe lyrisch-episch-dramatisch in Frage gestellt hat? Käte Hamburger hat zwar eine andere Zusammenstellung der geläufigen Begriffe vorgeschlagen und die neue Gattung «filmische Fiktion» in diese eingeordnet, jedoch keinen neuen Grundbegriff vorgeschlagen.

Das tat aber Veit Valentin [22] 1892, indem er statt der geläufigen Grundbegriffe einen lyrischen, epischen und einen «reflektierenden» vorschlug. «... die Dramatik ist keine poetische Gattung, sondern eine poetische Form», meint er.

Der Theaterkritiker Alfred Kerr [23] forderte, daß die künstlerisch konzipierte und geformte Kritik als neue und vierte Gattung neben den überkommenen drei anerkannt werde. Kerr und Valentin fühlen zweifellos einen Mangel, den auch Wolfgang Kayser mit folgenden Worten andeutet:

> Die Dreiteilung Lyrisch, Episch, Dramatisch ist heute wohl Allgemeingut der wissenschaftlichen Denkweise; das Didaktische pflegt dann als eine besondere Gattung abgegrenzt zu werden, die als zweckbestimmte und also nicht mehr autonome Literatur außerhalb der eigentlichen Dichtung liegt.

Zu dieser vierten Gruppe müßte man nun also die wissenschaftliche und philosophische Literatur zählen, weiterhin Predigten, Reden, Essays usw. Was aber heißt «autonome» und «zweckbestimmte» Literatur genau? Ist nicht jede Literatur zweckbestimmt, die einen Leser, Hörer, ein Publikum im Auge hat? Vielleicht schreibt der reine Lyriker (es gibt ihn nicht), der ganz vom Erlebnis ergriffen stammelt, ohne an eine Bestimmung seiner Äußerung denken zu können, «autonome» Literatur.

Goethe aber hat in des *Wanderers Nachtliedern*, diesen häufig zitierten Beispielen «reinster Lyrik» (es gibt auch diese nicht), schon einen Zweck im Auge, wenn er mit der Mahnung schließt: «Warte nur, balde ruhest du auch.» An dem anderen Lied, welches ein

Gebet ist, in dem um etwas gebeten wird (süßen Frieden), kann man die Zweckhaftigkeit noch leichter erkennen. Der Epiker, der «Welt erschafft», tut das gewiß nicht ohne latenten Zweck. Selbst wenn er es nur für sich selbst täte, verfolgte er damit einen Zweck. Warum sollte er die «Welt», die er ja bereits in seinem Inneren trägt, in Sprache gestalten und aus sich herausstellen? Er tut es, um sie anderen mitzuteilen, andere teilhaben zu lassen. Und dabei sollte er sich nicht dessen bewußt sein, daß er damit bei seinem Publikum einen gewissen Effekt erreicht: etwa Unterhaltung, Erbauung, indirekte Belehrung, Stimulierung zu Heldentaten (Rhapsode, Skalde, Skop) etc.?

Wenn wir epische Dichtungen daraufhin analysieren, werden wir meistens mehrere weniger oder stärker verkappte Zwecke entdecken. In manchen Gattungen sind sie sogar strukturbildend wie in der Fabel (die Moral) oder auch im Kriminalroman (spannende Unterhaltung). Man kann wohl grob feststellen, daß der Zweck in einer Gattung umso stärker strukturbestimmend wird, je mehr das Publikum in ihr in den Blick kommt. Deshalb ist es nun klar, daß die Zweckbestimmtheit in den dramatischen Gattungen, die ja noch wesentlich mehr vom Kontakt mit dem Publikum leben, eine noch stärkere Rolle spielt als in den lyrischen und epischen. Der Katharsisbegriff des Aristoteles ist ja eindeutig zweckbestimmt, und zwar psychologisch. Daß die didaktische Literatur stärker zweckbestimmt ist als die der drei anderen Gruppen, wollen wir nicht leugnen, sondern sogar betonen. Aber sie durch eine Grenze von der «autonomen» Literatur abzutrennen, geht nicht an, weil es autonome Literatur kaum gibt. Die Unterschiede sind hier nur graduelle, nicht prinzipielle – ebenso wie etwa die dramatischen Gattungen im allgemeinen dramatischer sind als die epischen und lyrischen, keineswegs aber als einzige dramatische Elemente aufweisen.

An anderer Stelle [24] scheint Kayser schon geneigter zu sein, eine vierte Grundhaltung auch in den Bereich der ästhetischen Literatur, der Dichtung, aufzunehmen: «Es muß – geschichtlich sehr begründet – mit der Möglichkeit gerechnet werden, daß es auch andere Gattungen gibt, etwa die Didaktik ...» und «Es gibt verschiedene (ästhetische) Grundhaltungen, die auch andere schöpferische Einstellungen ergeben.»

Eventuell liegt hier ein Einfluß der Staigerschen Beobachtungen zu diesem Punkt vor, die wir an anderer Stelle eingehend besprechen werden. An beiden bedeutenden Literaturwissenschaftlern läßt sich die gleiche interessante Haltung beobachten: sie kennen einerseits natürlich eine große Anzahl von Dichtungen, bedeutenden Dichtungen der romanischen Literaturen etwa, die sich nicht befriedigend in das überkommene Schema der drei Grundbegriffe einordnen lassen. Sie sind auch ehrlich genug, das zuzugeben und nicht eine krampfhafte Einordnung zu versuchen. Die Macht der Denkgewohnheit ist aber noch so groß, daß beide sich nicht an die Aufgabe heranwagen, das traditionelle Schema neu zu durchdenken und zu modifizieren.

Von den Versuchen, neben Lyrik, Epik und Dramatik die Didaktik (Gedankendichtung) als gleichberechtigt anzuordnen, verdient besonders der von Willi Flemming [25] Beachtung. Hier wird betont, daß es sich in dieser vierten Gruppe nicht um bloße Zweckformen handelt, sondern auch um Dichtung im strengeren Sinne. (Der *Cherubinische Wandersmann* und die Spruchdichtung Goethes und Georges werden als Beispiele dafür angeführt.) Die ‹gnomische Apperzeptionsform› soll der lyrischen, epischen und dramatischen entsprechen. Als ihre Arten (in unserem Sinn Gattungen) werden Spruch, Spruchgedicht, Sinngedicht, Epigramm, Aphorismus, Satire, Fabel, Parabel, Moralität und Lehrgedicht unterschieden und beschrieben.

Es wird versucht, jeden Grundbegriff durch eine typische Gebärde zu veranschaulichen, den didaktischen durch eine nach unten weisende Geste (was mir etwas gezwungen erscheint – man könnte für diese Haltung wohl auch den demonstrierend hinweisenden Zeigefinger als typisch empfinden).

Vor allem aber wird der im Verhältnis zu den anderen Grundbegriffen verstärkte Publikumskontakt nicht gesehen und deshalb die Didaktik nicht in den größeren Zusammenhang einer wirklich vergleichbaren vierten Grundhaltung eingeordnet.

V

DIE AUSWIRKUNG DER GRUNDHALTUNGEN
IM SPRACHKUNSTWERK: INTERPRETATIONEN

Ich habe zuvor behauptet, daß es möglich sein müsse, die sogenannten «Grundhaltungen» aus dem konkreten Sprachkunstwerk
herauszuanalysieren. Um das zu beweisen, werde ich in diesem
Kapitel Dichtung verschiedenster Gattungen auf die Grundhaltungen hin interpretieren, die sich in ihnen ausgewirkt haben.

Beginnen wir mit Beispielen aus der Lyrik.

Goethes *Wandrers Nachtlieder* werden besonders häufig als Beispiele liedhafter oder lyrischer Lyrik genannt. Das erste ist ein
Gebet:

> Der du von dem Himmel bist,
> Alles Leid und Schmerzen stillest,
> Den, der doppelt elend ist,
> Doppelt mit Erquickung füllest,
> — Ach, ich bin des Treibens müde,
> Was soll all der Schmerz und Lust? —
> Süßer Friede,
> Komm, ach komm in meine Brust!

Hier scheint sich das lyrische Element am reinsten in der fünften
Zeile zu kristallisieren. Günther Müller[1] würde sie die Keimzelle des
Gedichtes nennen, denn sie drückt die Stimmung aus, in der das
Gebet sich geformt hat: Lebensmüdigkeit.

Schon äußerlich steht der Ausruf hier im Zentrum: nach der
Anrede, vor der Frage und abschließenden Bitte. Er ist unmittelba-
rer Ausdruck eines Lebensgefühls und darum lyrisch.

Aber das Gedicht enthält noch andere Elemente: In der ersten
Zeile wird ein göttliches Wesen angesprochen. Das ist eigentlich
nicht lyrisch, denn der reine Lyriker erlebt nur sich selbst, sein
eigenes Gefühl. In der Du-Bezogenheit auf ein Gegenüber – ob
auf ein reales oder nur ein vorgestelltes, macht hier keinen wesentlichen Unterschied – können wir Ansätze des Dramatischen sehen.
Eine zwischenpersonale Spannung entsteht. Wenn Gott antworten
würde (wie etwa der Tod in Johann von Saaz' *Ackermann aus
Böhmen)*, hätten wir bereits den Dialog. Ob der Angesprochene
tatsächlich antworten wird oder nicht, wirkt sich auf die Redeform

der Bitte nicht mehr aus, da sie abgeschlossen ist, bevor eine Antwort beginnen könnte. Eine Du-bezogene Anrede ist also in diesem Sinn ein «halber Dialog», der theoretisch jederzeit vollendet werden könnte. Sie muß deshalb in nuce bereits die typischen Qualitäten des Dialoges aufweisen. Diese werden von zwischenpersonaler Spannung (hier: Bitte — Versagung oder Gewährung) bestimmt, und wir nennen sie dramatisch. Es gibt diese Spannung hier nochmals nach der Frage «Was soll all der Schmerz ...?». Eine Antwort wäre denkbar. Schließlich geht der bewußte und geplante Aufbau dieses Gebetes (und der Gattung Gebet überhaupt) über den «rein lyrischen» Ausdruck (den es, wie wir wissen, nur in der Theorie gibt) hinaus. Hier folgt der nahezu zeremoniellen Anrede der ersten vier Zeilen mit ihrer raffinierten Wiederholung des Wortes «doppelt» der «Stimmungsausbruch» in der Zeile fünf, der sogleich noch durch die fast rhetorisch klingende Frage verstärkt (und in Gleichgewicht gehalten) wird. Schließlich wird die Bitte hervorgestoßen und wiederum durch das «ach komm!» verstärkt. Die verhältnismäßig lange einleitende Anrede bildet bereits durch die Häufung von Prädikaten in einem Nebensatz ein Spannungsmoment, das unserer Vorstellung von lyrisch-unreflektiertem Gefühlsausdruck widerspricht. Sie ist eigentlich in der Zwiesprache des Geschöpfes mit seinem allwissenden Schöpfer überflüssig. Ist kunstvolle Sprache nicht immer nur in Hinsicht auf ein vorgestelltes Publikum sinnvoll?

Noch ein anderes Element meinen wir in der Ansprache wahrzunehmen: Da wird nicht nur angesprochen, sondern gleichzeitig auch geschildert, beschrieben, ja ausgemalt. Selbst wenn die ersten vier Zeilen in drei Substantiva verwandelt würden («Himmlischer! Schmerzstiller! Erquicker!»), meinten wir, in diesem Eingang doch ein episches Element zu erblicken, weil hier genügend Abstand vom Objekt genommen wird, daß es dargestellt werden kann. Umsomehr aber hier, wo der Dichter verhältnismäßig so viele Worte macht, um sein Gegenüber zu schildern: «... Den, der doppelt elend ist, Doppelt ...».

Sobald wir Dinge benennen, schildern wir sie eigentlich schon, denn ihre Namen rufen bei uns die Vorstellung ihrer Qualitäten hervor. Häufig erwecken sie sogar Gefühlsassoziationen in uns. So möchten wir sogar dem Abstraktum «süßer Friede» einen lyrischen und epischen Akzent zuschreiben, weil es in uns sowohl ein Gefühl als auch eine Vorstellung hervorruft. Die dramatische Spannung kann dagegen erst im Satz entstehen.

Zum Schluß wäre noch zu fragen, warum wir das Gebet schlankweg zur Lyrik zählen, obwohl es doch auch epische und sogar dramatische Elemente enthält?

Die Antwort haben wir schon anfangs gegeben: weil die Keimzelle des Gedichtes ein lyrisches Erlebnis ist (Lebensüberdruß in einer bestimmten Färbung) und dieses das ganze Sprachgebilde mit seinen notwendig vorhandenen anderen Elementen überformt. Denn auch die Anrede im Beginn ist stark gefühlshaltig (zum Beispiel doppeltes Elend — doppelte Erquickung), die Frage leidenschaftlich, die abschließende Bitte innig dringlich («komm, ach komm!»).

Vergleichen wir damit nun das andere Nachtlied:

> Über allen Gipfeln
> Ist Ruh,
> In allen Wipfeln
> Spürest du
> Kaum einen Hauch;
> Die Vögelein schweigen im Walde.
> Warte nur, balde
> Ruhest du auch.

Dieses Gedicht beginnt episch, möchten wir nach dem Vorausgegangenen sagen: eine Abendlandschaft wird geschildert. Aber auch hier finden wir bereits im Beginn Anrede. Wer mit dem «Du» gemeint ist, ein Freund oder der Dichter selbst, ist für uns letztlich nicht wichtig. Denn auch wenn der Dichter zu sich selbst spräche, täte er es doch gleichsam zu einem zweiten Ich. Jeder, der Selbstgespräche führt (etwa auch der Schauspieler im Bühnenmonolog), spaltet sich in ein sprechendes und ein zuhörendes Ich, — gelegentlich wohl auch in zwei sich zugleich widersprechende und zuhörende Ichs. Beim sogenannten «Apart-Sprechen» dagegen wendet sich der Sprechende in Wirklichkeit meist an das Publikum, also wiederum an ein Gegenüber. Ein völlig richtungs- und bindungsloses Sprechen gibt es nur selten. Wo aber angesprochen wird, wie hier in unserem Gedicht, tritt wenigstens im Ansatz zwischenpersonale Spannung auf, die wir als dramatisches Element verstanden haben. In diesem Sinn wäre also zum Beispiel Goethes *Mailied* mit seinen ekstatischen Gefühlsäußerungen «lyrischer» als die Nachtlieder,

Fünftes Kapitel

... O Erd', o Sonne,
O Glück, o Lust!
O Lieb', o Liebe!
So golden schön ...

bis zu dem Moment, wo der Dichter das Mädchen selbst anspricht
und anfängt, seine Liebe mit der der Lerche zu vergleichen. Aber
ist dem wirklich so? Haben wir hier wenigstens stellenweise «reine
Lyrik» vor uns? Keineswegs! Goethe richtet auch diese Jubelschreie
an ein Gegenüber, an die pantheistisch erlebte Natur, die er brü-
derlich dankbar umarmen möchte wie Ganymed den Adler. Goethe
spricht in den meisten seiner Gedichte irgend etwas an: Lili und
Frau von Stein zum Beispiel, aber auch seine eigenen Tränen
(Wonne der Wehmut), das fetter grünende Laub *(Im Herbst)*, ein
«goldenes Herz, das er am Halse trug» («Angedenken du, verklun-
gener Freude ...»), den Herzog Karl August («Gehab dich wohl bei
den hundert Lichtern ...»), ein «Anmutig Tal» *(Ilmenau)*, den
Mond («Füllest wieder Busch und Tal ...») – und so ließe sich die
Reihe bei einer Durchsicht der Gedichte seitenweise fortsetzen. Er
spricht Personen, unbelebte Dinge und auch sich selbst an, und
zwar sowohl in Form von Fragen («Willst du immer weiter schweifen?», *Erinnerung)*, von Aufforderungen («Kehre nicht in diesem
Kreise / Neu und immer neu zurück!», *Sorge)*, von Ausrufen («Ach
wie bist du mir, / Wie bin ich dir geblieben!», *Verse an Lida)*
als auch einfachen Feststellungen («Du sorgest freundlich mir den
Pfad / Mit Lieblingsblumen zu bestreun.», *An Herzog Karl
August)*. Schon die Gedichtstitel sind häufig aufschlußreich, besonders die vielen, die mit «An» beginnen, noch mehr die Gedichts-
anfänge. Häufig aber wendet sich der Dichter erst mitten im Gedicht, wie oben, vom Allgemeinen ins Persönliche, an eine Person,
an den Leser oder an sich selbst.

Ein Vergleich mit anderen Lyrikern würde wahrscheinlich zeigen,
wie besonders stark bei Goethe das dialogische Prinzip ausgebil-
det ist. Denn er findet in jeder lyrischen Gattung Gelegenheit, je-
manden anzusprechen: In der Klage *Auf Miedings Tod*, die dem
Gehalt nach der Elegie nahekommt («Welch ein Getümmel füllt
Thaliens Haus? ... Wo ist er? sagt! ... Ach Freunde! Weh! Ich fühle
die Gefahr: ... Er ist nicht krank, nein Kinder, er ist tot! ... Ja,
Mieding tot! O scharret sein Gebein ... O Weimar! dir fiel ein
besonder Los: ... Und du, o Muse, rufe weit und laut den Namen

aus, ... Du, Staatsmann, tritt herbei! hier liegt ... Ihr Freunde, Platz! Weicht ... Seht, wer da kommt ...» etc.), – im Aufsingen zum Numinosen, den Hymnen («Spute dich, Kronos!»), – im feierlichen Sprechen der Ode («Welchen Unsterblichen soll der erste Preis sein?»), – im Sinnspruch und Epigramm («Eines schickt sich nicht für alle. Jeder sehe, wie er's treibe ...» oder «Willst du immer weiter schweifen? Sieh, das Gute liegt so nah ...» oder «Feiger Gedanken / Bängliches Schwanken ... Macht dich nicht frei ...»), – in der Ballade («Wer reitet so spät durch Nacht und Wind? ...») – und vor allem in den vielen so verschiedenartigen Liedern.

Nun scheint uns die Goethesche Du-Bezogenheit oft das Gegenteil einer zwischenpersonalen Spannung zu bedeuten. Zwar lehnt Prometheus sich trotzig gegen Zeus auf, wie etwa ein dramatischer Held gegen seinen Widerspieler – Ganymed aber ist ganz Hingabe. Doch wir verstehen die sogenannte dramatische Spannung falsch, beziehungsweise zu eng, wenn wir sie als feindliche festlegen. Sobald die lyrische Haltung des reinen Gefühlsausdrucks zu Gunsten einer (epischen) Distanz verlassen wird und ein Objekt in ein Verhältnis zum Dichter oder zu einem anderen Objekt tritt, mit dem sich der Dichter identifiziert, dürfen wir bereits vom Wirken der Grundhaltung sprechen, die sich natürlich reiner in Schillerschen oder Kleistschen Dialogen ausprägt, nämlich der dramatischen.

In der scheinbar «rein lyrischen» Naturschilderung des zweiten Nachtliedes ist also Episches enthalten, insofern Außenwelt darstellend distanziert wird, und Dramatisches, insofern auf ein Du Bezug genommen wird.

Das Dramatische kommt noch stärker im beinahe unerwarteten memento mori des letzten Satzes zum Ausdruck: «Warte nur ...». Wiederum können diese Worte vom Dichter zu sich selbst oder zu einem Freund gesprochen werden. Wichtig ist, daß überhaupt ein Du ins Auge gefaßt wird. Und wiederum kommen wir nicht umhin, eine gewisse planende Umsicht im Aufbau des Gedichtes festzustellen, die dem reinen Charakter emotionaler Ergriffenheit nicht entspricht. Der «trunken stammelnde» Lyriker kann nicht viel denken. Hier aber wird der Blick des die Abendlandschaft Erlebenden sorgfältig von der Ferne zur nächsten Nähe, von der anorganischen (Gipfel) über die organische (Wipfel) zur animalischen Natur (Vögelein) geführt und damit auf die letzte Parallele («Du auch») vorbereitet.

Und nochmals müssen wir fragen, warum wir das Gedicht als lyrisch empfinden. Die Antwort ist die gleiche wie bei dem anderen Nachtlied: Das Gefühl des Sprechenden durchtränkt alle Gegenständlichkeit. Diese enthält ihren letzten Sinn nur aus der Aufgabe, die Stimmung des Dichters zu reflektieren. Nicht nur als rhetorische Vorbereitung für die Parallele des memento mori hat die Schilderung der Abendlandschaft einen Sinn – sondern mehr noch als Medium für das Erlebnis des Dichters. Wir erleben die Stimmung des Dichters durch die Sprachgestaltung der Abendlandschaft.

Wenn wir also die beiden Goethegedichte zur Gattung liedhafter Lyrik rechnen und ihre innere Form als Gebet und Zuspruch fassen, so erkennen wir doch auch, wie sich in ihnen die lyrische, epische und dramatische Grundhaltung in Ansätzen mischen –, so allerdings, daß die erste die beiden anderen überprägt und darum den Gedichten ihren entscheidenden Charakter gibt.

Goethe hat aber gelegentlich auch eine andere Art Lyrik geschrieben. Wenn er in *Das Göttliche* beinahe predigt:

> Edel sei der Mensch,
> Hilfreich und gut!
> Denn das allein
> Unterscheidet ihn
> Von allen Wesen,
> Die wir kennen ...

spüren wir, daß hier noch ein anderes Element wirksam ist als Gefühlsausdruck, Weltschilderung und zwischenpersonale Spannung. Hier spricht jemand, der mit einer größeren Zuhörerschaft rechnet als nur mit einem Partner, jemand, der sich seiner Wirkung auf ein Publikum bewußt ist und deshalb absichtlich rhetorische Mittel einsetzt, um dieses zu fesseln.

In *Grenzen der Menschheit* hören wir einen ähnlichen lehrhaften Ton:

> ... Denn mit Göttern
> Soll sich nicht messen
> Irgendein Mensch ...

Aber nicht nur in der Form der Grundsatzerklärung drückt sich diese Haltung aus. Später wird gefragt:

> Was unterscheidet
> Götter von Menschen?

Die Auswirkung der Grundhaltungen

Und welche Frage wäre rhetorischer als diese, da der Dichter sie sofort bildreich selbst beantwortet:

> Daß viele Wellen
> Vor jenen wandeln ...

Die Frage ist verschieden von der im Nachtlied («Was soll all der Schmerz und Lust?»), da diese nur als Vorwand zum Weitersprechen dient, jene aber gefühlsgeladen ist. Denken wir nun an Gedichte wie Schillers *Worte des Glaubens*, das so beginnt:

> Drei Worte nenn ich euch, inhaltschwer,
> Sie gehen von Mund zu Mund ...

und mit folgender Strophe endet:

> Die drei Worte bewahrt euch, inhaltschwer,
> Sie pflanzet von Mund zu Munde,
> Und stammen sie gleich nicht von außen her,
> Euer Innres gibt davon Kunde;
> Dem Menschen ist nimmer sein Wert geraubt,
> Solang er noch an die drei Worte glaubt.

Solcher «Gedankenlyrik» eignet oft ein lehrhafter Charakter, der zu den drei geläufigen Grundhaltungen nicht passen will.

Im *Lied von der Glocke* wechselt der Zuruf an die «Gesellen» ständig mit den Reflexionen über das Menschenleben ab. Diese freischweifenden Meditationen sind doch wohl mehr an das (Lese-)Publikum gerichtet vorzustellen als an die Gesellen. Bliebe die Sprechrichtung (und, damit verbunden, die zwischenpersonale Spannung) vom Dichter-Meister auf die Gesellen beschränkt, hätten die Meditationen des Meisters einen so situationsgebundenen Charakter, daß sie nicht auch «über die Rampe» auf uns, die Leser, zielten, – dann könnten wir uns hier wieder damit begnügen, dramatische Elemente («halben Dialog») festzustellen. In Wirklichkeit aber wird die Aufmerksamkeit des Meisters immer wieder vom geschilderten Arbeitsvorgang und von den Gesellen abgezogen und auf allgemein (das heißt auch für uns) Bedeutsames gerichtet. In dieser Spannung zwischen publikumsbezogener Reflexion und realer Situation liegt ein Hauptreiz dieses Gedichts.

Der philosophierende Dichter, besonders der didaktisch eingestellte, bezieht also gelegentlich in seine Aufmerksamkeit neben dem Stoff auch sein Publikum ein. Aber er ist nicht der einzige:

G. A. Bürgers *Lied vom braven Mann* beginnt mit folgender Strophe:

> Hoch klingt das Lied vom braven Mann,
> wie Orgelton und Glockenklang.
> Wer hohen Muts sich rühmen kann,
> den lohnt nicht Gold, den lohnt Gesang.
> Gottlob! daß ich singen und preisen kann,
> zu singen und preisen den braven Mann.

Auch innerhalb der spannenden Erzählung werden Ausrufe eingeschoben wie diese:

> Wohlan! So nenn ihn, nenn ihn dann!
> Wann nennst du ihn, mein schöner Sang?
>
> Wer ist der Brave? Ists der Graf?
> Sag an, mein braver Sang, sag an!
>
> Wer ist, wer ist der brave Mann?
> Sag an, sag an, mein braver Sang!

Die doch wohl etwas kokette Beschwörung der eigenen Muse («mein schöner Sang») erinnert von fern an Homers berühmten Anfang: «Sage mir, Muse die Taten des weitgewanderten Helden ...»

Goethe schließt sein weibliches Gegenstück, die Ballade von *Johanna Sebus*, mit folgenden Versen:

> Das Wasser sinkt, das Land erscheint,
> und überall wird schön Suschen beweint —
> Und dem sei, wers nicht singt und sagt,
> im Leben und Tod nicht nachgefragt!

Jene Wendung an das Publikum muß schon dem germanischen Skalden, Skopen etc. nahegelegen haben, wenn er aufstand, um seiner Gemeinschaft den Ruhm der Vorfahren zu preisen. Das *Hildebrandslied* beginnt mit den Worten: «Ih gihorta daz sagen ...».

Immer wieder wird der sozial gebundene, das heißt, der sich einer Gemeinschaft zugehörig fühlende, Dichter auch in seinem Werk durchblicken lassen, daß er sich seines Publikums bewußt ist. Wie verschieden das allerdings ausfallen kann – von der einfachen einleitenden Bemerkung des *Hildebrandsliedes* bis zu den koketten Spielereien eines Thomas Mann mit dem «geneigten Leser» –, lohnt sich untersucht zu werden.

Die Auswirkung der Grundhaltungen

Max Komerell wies einmal[2] auf die höchst unrealistische Handlungsgestaltung der schottischen *Edwardsballade* hin. Was sollen die bohrenden Fragen der Mutter, die ja nicht nur Mitwisserin, sondern sogar Anstifterin des Vatermordes ist? In der Situation der Fabel allein sind sie unsinnig. Lassen sie sich nicht am besten in Hinsicht auf den Hörer, das Publikum erklären? Sie erzeugen nämlich Spannung. *Lyrisch* wäre also an dieser Ballade, wie an so vielen anderen auch, die Stimmung, das Atmosphärische, das der Dichter in Sprache gebannt hat und das uns beim Lesen (Hören!) wiedererregt. *Episch* wäre die Darstellung einer nordischen Heldenwelt, alles Gegenständliche, das der Dichter uns hier indirekt im Dialog vermittelt. *Dramatisch* ist der Dialog als solcher mit seinen drängenden Fragen und der zwischenmenschlichen Spannung, die er enthält. *Publikumsbezogen* aber ist die Zubereitung der Handlung. Es ließe sich ja gut eine Ballade vorstellen, in der die Schuldfrage von vornherein klargestellt wäre, die aber dennoch drängende Fragen einer Mutter enthielte, die wissen möchte, ob der von ihr angestiftete Mord bereits ausgeführt wurde und unter welchen Umständen. Dann bestünde die Spannung nur zwischen den Personen der Dichtung wie etwa im antiken Drama, wo das Publikum den Ausgang der Handlung bereits weiß. Die Spannung der *Edwardsballade* geht sozusagen «über die Rampe» und ähnelt damit der des Kriminalstückes, wo wir selbst in Spannung gehalten werden.

Bei dem ersten Typ hängt die Logik der Handlungsführung nur von der Psychologie der Personen des Kunstwerkes ab, beim zweiten zusätzlich von der des Publikums. Es kommt nun für den Dichter darauf an, diese zweierlei Bindungen möglichst in Einklang zu bringen. Beim guten Kriminalstück werden wir bis zum Schluß in Spannung gehalten, ohne daß die Logik der Handlung selbst dabei Schaden nähme. Der sorglose Geschichtenerfinder – und auch der Dichter der *Edwardsballade* – läßt die psychologische Motivierung seiner Personen unter dem Bedürfnis, die Spannung zu erhalten, leiden. Deshalb verstehen wir die sinnlosen Fragen der Mutter nicht.

Es ließen sich nun noch zahllose Beispiele publikumsbezogener Gestaltungselemente im Bereich der Lyrik zeigen. Denken wir allein an die heiter-pointierte Lyrik vom Rokoko bis zu Wilhelm Busch, an die schmunzelnd dargebotene Lebensweisheit eines Eugen Roth. Aber auch in der großen Tradition der ernsten gemeinschaftsbezo-

genen Kirchen- und Andachtslieder finden wir direkte Wendungen
an die Hörer wie etwa im *Abendlied* des Matthias Claudius:

> Seht ihr den Mond dort stehen?
> Er ist nur halb zu sehen,
> Und ist doch rund und schön ...
> So legt euch denn, ihr Brüder,
> In Gottes Namen nieder; ...

Noch offenkundiger ist der Gemeinschaftsbezug bei vielen Trink-
und Festliedern: «Brüder, reicht die Hand zum Bunde ...!»

Auch der sogenannte «Stimmungsbruch» am Ende vieler Gedichte von Heine läßt sich wohl als ein überraschendes, «ungemä-
ßes» Offenbarwerden des Publikumsbezuges erklären. Man hat
bereits gesehen, daß er gerade das Gegenteil der sogenannten «romantischen Ironie» ist. Während wir mit letzterem, höchst unkla-
ren Begriff im allgemeinen eine ironische Aufhebung der Realität
zu Gunsten einer spielerisch-romantischen Idealität bezeichnen –
bedeutet der Stimmungsbruch Heines gerade ein unerwartetes Verlassen der romantischen Idealität und ihrer Stimmung, die dadurch
als Sentimentalität entlarvt wird. Der Dichter kann sozusagen an die
Wahrhaftigkeit seiner eigenen Stimmung nicht mehr glauben und
holt sich durch eine desillusionierende Wendung selbst in die Realität zurück. Bezeichnend ist, daß er das meist mit der Wendung
an das Publikum (irgendein Fräulein) verbindet:

> Sie saßen und tranken am Teetisch
> und sprachen von Liebe viel ...

endet folgendermaßen:

> Am Tische war noch ein Plätzchen;
> Mein Liebchen, da hast du gefehlt.
> Du hättest so hübsch, mein Schätzchen,
> Von Deiner Liebe erzählt.

Oder *(Das Fräulein stand am Meere)*:

> Mein Fräulein! sein Sie munter,
> Das ist ein altes Stück;
> Hier vorne geht sie unter
> Und kehrt von hinten zurück.

Ohne den Bezug auf den Zuhörer läßt sich diese Art von Selbst-
ironie eigentlich nicht vorstellen.

Die Auswirkung der Grundhaltungen

Wir haben bisher publikumsbezogene Elemente immer mit einem gewissen Erstaunen neben den lyrischen, epischen und dramatischen entdeckt. Geradezu erwarten müssen wir sie jedoch in allen Gattungen, die besonders für den Vortrag in der Schallform entworfen werden und nur in dieser ihre volle Wirkung entfalten, zum Beispiel im literarischen Chanson, im sozialistischen Song, im Bänkelsang, im Wiener Theatercouplet etc. Hier mag der Publikumsbezug alle anderen Elemente ebenso «überformen» wie das Lyrische in Goethes Nachtliedern. Jedoch kann auch diese Grundhaltung nur in Verbindung mit den anderen auftreten, da selbst das Chanson nicht ohne das epische Schildern, das lyrische Gefühl und die dramatische Spannung auskommt. Anders ausgedrückt: der Vortragskünstler, dem es vor allem auf den Kontakt mit seinem Publikum ankommt, braucht doch die Brücke, das Medium des Vortragsstückes, über die er zu ihm gelangt. Er will und muß immer gleichzeitig auch schildern und Gefühle und Spannung erregen. Wir können das hier nur an wenigen Beispielen zeigen[3].

Eines der ersten berühmten deutschen Chansons, die besonders für das Cabaret geschrieben wurden, Wolzogens *Madame Adèle*, beginnt mit folgender Strophe:

> Je suis Adèle, la reine blonde —
> On me connaît, Messieurs, parbleu!
> Je suis la reine, la reine, la reine du Demimonde.
> Adèle est là — faites votre jeu!
> Oje, Oje, hab nur ka Angst —
> Ich sing auch Deutsch, wenn D' es verlangst,
> Denn mein Französisch' g'langt nur — oje!
> Zum Hausgebrauch fürs Varieté:
> Ein Franzos ist nur mein Schneider —
> Echt Paris sind diese Kleider.
> Und drunter das ist auch kein Quark:
> C'est un jupon pour achtzig Mark,
> Die seidnen Strümpf kriegst schon für acht —
> Trulala, Trulala —
> Was glaub'n Sie, wie das glücklich macht!

In drei weiteren Strophen wird die «klassische» Karriere dieser einstigen Tippmamsell zu ihrer jetzigen Kokottenherrlichkeit geschildert («Nicht immer wühlte ich in Spitzen ...»). Die letzte Strophe:

Der erste nahm sich nicht das Leben,
Als ich zum zweiten mich gewandt,
Er hieß mich schleunigst nur die Trepp hinunterschweben – – –
Worauf er aus der Stadt verschwand.
Trali! Trala! 's ist lang schon her,
Bin längst kein dummes Mädel mehr! –
Ich fahr zum Rennen viere lang,
Und hab mein Konto bei der Bank!
Flog ins Licht als graue Motte –
Doch jetzt bin ich grande Cocotte!
Je m'en fiche de tout ce que m'accuse!
Hein! Messieurs, je vous amuse?
Vlan les volants! He! Kreischt und lacht!
Trulala! Trulala –
Was glauben'n Sie, wie das glücklich macht!

Hier wird zwar unter anderem auch eine Geschichte erzählt, weshalb dieser Typus gelegentlich als Kabarett-Ballade oder Varieté-Ballade bezeichnet wurde. Aber es geschieht in einer anderen Weise, als wir es bei Gedichten, die vor allem zum Lesen bestimmt wurden, gewöhnt sind. Eine kostümierte Person stellt sich einem Publikum vor: «Je suis Adèle.» Mit gutem Recht können wir deshalb auch von einem «Rollengedicht» oder «Rollenlied» sprechen. Die sprechende Person möchte ihre Hörer von Anfang an beeindrucken, deshalb stellt sie sich in der Sprache der «Demimonde» um 1900 vor, auf Französisch. Aber ihre starke Publikumsbezogenheit zwingt sie sofort, ins vertraute Bayrisch überzuwechseln (das Lied war für ein Münchener Kabarett gedacht), um nur ja verstanden zu werden: «Oje, oji, hab nur ka ...» Diese Zeilen bezeugen eindeutig, daß der Dichter ganz in Hinblick auf eine zuhörende Gemeinschaft schreibt.

Nun folgen Sätze, die sofort in Mimik (vorzeigende Gebärden) verlängert werden und wiederum hervorragend geeignet sind, den Kontakt mit dem Publikum herzustellen: «Echt Paris sind ...»

Der leichtfertige Refrain («Trulala») kann ebenfalls nur mimisch (im Walzertakt getanzt) vorgestellt werden. Er ist simpel und einprägsam und den Zuhörern deshalb nach der ersten Strophe fest im Ohr. (Dazu trägt natürlich auch die musikalische Gestaltung bei.) Wenn die Chansonette nun weitersingt, muß das Publikum aufpassen, um alles zu verstehen, damit ihm keine Pointe entgeht. Beim regelmäßig wiederkehrenden Refrain aber kann es sich für einen Moment entspannen. Es fühlt sich mit dem Solisten im Einverständnis, freut sich über die witzige Art, in der im guten Chanson und Couplet jeweils die gedanklich pointierten Aussagen der Vorstrophe in die bereits bekannte Schlagzeile des Refrains einmünden, möchte am liebsten mitsingen, – im Rheinland würde es vergnügt «schunkeln». So wird der fortwährende Wechsel von Anspannung im Vorvers und Entspannung im Refrain lustvoll wie alles Rhythmische empfunden und wirkt deshalb kontaktfördernd. Wer sich später wohlgefällig eines eindrucksvollen Chansons erinnert, summt dann die Melodie des Refrains vor sich hin. – In der letzten Strophe fallen die Frage («Hein! Messieurs, je vous amuse?») und die anschließenden Aufrufe zum Lebensgenuß auf. Die starke metrische Gliederung der Strophe veranlaßt den Musiker, seine Begleitung ebenfalls zu variieren. Durch den sich häufig ändernden Rhythmus von Sprache und Musik wird der Vortragende seinerseits inspiriert, sogar genötigt, seine Ausdrucksmittel der Abwechslung anzupassen. So wird das Chanson lebendig. – Noch eines fällt uns bei diesem und vielen anderen Chansons auf: der Text allein hat wenig sprachlichen Wert. Er sucht keine eigene Schönheit. Sie wäre wohl meist nur hinderlich. Er will nur Partitur sein für die Gestaltung in der mimisch-musikalischen Schallform, in der allein diese Gattung [4] ihren Reiz entfaltet.

Soweit haben wir uns nur im Bereich der Lyrik nach den Auswirkungen der Grundhaltungen umgeschaut. Wie ist es bei den epischen Gattungen? Hier ist es noch schwieriger, aus der Fülle der Beispiele die richtigen auszuwählen. Wir interpretieren deshalb zuerst einige Roman- und Novellenanfänge, die uns eben einfallen.

Mörikes Novelle *Mozart auf der Reise nach Prag* beginnt mit folgenden Sätzen:

> Im Herbst des Jahres 1787 unternahm Mozart in Begleitung seiner Frau eine Reise nach Prag, um Don Juan daselbst zur Aufführung zu bringen. Am dritten Reisetag, dem vierzehnten September, gegen elf Uhr morgens, fuhr das wohlgelaunte Ehepaar, noch nicht über dreißig Stunden Wegs von Wien entfernt, in nordwestlicher Richtung jenseits vom Mannhardsberg und der deutschen Thaya, bei Schrems, wo man das schöne Mährische Gebirg' bald vollend überstiegen hat.

In diesem Anfang dürfen wir wohl ein reines Beispiel epischen Berichtens erblicken. Der spitzfindige Interpret könnte allenfalls im

letzten Nebensatz eine verkappte Zuwendung des Erzählers an den
Leser herausspüren, so als wenn dieser zu uns gewendet hinzufügen
wollte: ‹... wie ihr alle wißt und noch jederzeit nachprüfen könnt.›
Das mag jedoch als zu spitzfindig empfunden werden. Mörike
fährt jedoch fort:

> ‹Das mit drei Postpferden bespannte Fuhrwerk›, schreibt die Baro-
> nesse von T. an ihre Freundin, ‹eine stattliche gelbrote Kutsche, war
> Eigentum einer gewissen alten Frau Generalin Volkstett, die sich auf
> ihren Umgang mit dem Mozartischen Hause und ihre ihm erwiesenen
> Gefälligkeiten von jeher scheint etwas zugut' getan zu haben.›

Er beruft sich also auf eine Baronesse von T., vielleicht eine historische Figur, deren Aufzeichnungen er benutzt hat, – vielleicht
aber ebenfalls eine Erfindung seiner Einbildungskraft. Denn einen
Unterschied macht das kaum für die ästhetische Bedeutung dieses
Einschubs: der Dichter hätte die Quelle, falls sie wirklich existierte,
natürlich verschweigen können. Er hätte auch andere Einzelheiten
durch seine echten oder fiktiven Informationsquellen belegen können. Er ist aber in Wirklichkeit natürlich frei, – und daß er die
Baronesse von T. nennt, hat nur ästhetische Bedeutung. Ich erblicke
in diesem Einschub vor allem andern einen Vorwand des Dichters,
sich spielerisch an sein Publikum (den Leser) zu wenden, Kontakt
aufzunehmen. Historienschreiber haben zu allen Zeiten versucht,
ihre Berichte mit solchem Hinweis auf die Quellen glaubwürdig zu
machen [5]. Das wurde im 19. Jahrhundert in sogenannten «historischen» Romanen (wie in Wilhelm Meinholds *Die Bernsteinhexe*,
Berlin 1843) parodiert. Diese gaben sich als Chroniken oder wollten
nach spät aufgefundenen alten Dokumenten gearbeitet sein – und
waren doch nur Erfindung. Mörike aber hat diese Art Beglaubi-
gung eigentlich nicht nötig. Wir werden sehen, daß er noch auf
andere Weise versucht, den Leser einzubeziehen. Denn nun fährt er
fort:

> Die ungenaue Beschreibung des fraglichen Gefährts wird sich ein Ken-
> ner des Geschmacks der achtziger Jahre noch etwa durch einige Züge
> ergänzen. Der gelbrote Wagen ist hüben und drüben am Schlage mit
> Blumenbuketts, in ihren natürlichen Farben, gemalt, die Ränder mit
> schmalen Goldleisten verziert, der Anstrich aber noch keineswegs von
> jenem spiegelglatten Lack der heutigen Wiener Werkstätten glänzend,
> der Kasten auch nicht völlig ausgebaucht, obwohl nach unten zu kokett
> mit einer kühnen Schweifung eingezogen; dazu kommt ein hohes Ge-

deck mit starrenden Ledervorhängen, die gegenwärtig zurückgestreift sind.

Nun schmeichelt er nebenbei den «Kennern des Geschmacks der achtziger Jahre», deren zu seiner Zeit sicher noch viele lebten, und benutzt gleichzeitig die Gelegenheit, die Szene noch ein wenig auszumalen. Wozu eigentlich? Ist es nicht, als ob der behutsame Alte an der Szenerie für seine Geschichte noch eben hier ein wenig zupfte, dort ein wenig polierte, um nur ja alles recht eindrucksvoll gestalten zu können, bevor er schließlich «Bühne frei!» ruft und seine Figuren selbst sprechen läßt? Er scheut sich dabei nicht, die epische Illusion durch seine Anspielung auf den spiegelglatten Lack der «heutigen» Wiener Werkstätten teilweise wieder zu zerstören – oder besser: zu verhindern. Wenn er im Anfang für den epischen Bericht das Praeteritum verwandte, benutzt er nun für seine persönlichen Einschübe sorglos die Gegenwartsform – ja er betont diese sogar (die Ledervorhänge, die «gegenwärtig zurückgestreift sind») in dem Bemühen, die vergangene Situation zu vergegenwärtigen. Er ist noch nicht fertig mit den Vorbereitungen; die Kostüme müssen noch geschildert werden:

> Von den Kostümen der beiden Passagiere sei überdies soviel bemerkt. Mit Schonung für die neuen im Koffer eingepackten Staatsgewänder war der Anzug des Gemahls bescheidentlich von Frau Konstanzen ausgewählt: zu der gestickten Weste von etwas verschossenem Blau sein gewohnter brauner Überrock mit einer Reihe großer und dergestalt fassonierter Knöpfe, daß eine Lage rötliches Rauschgold durch ihr sternartiges Gewebe schimmerte, schwarzseidene Beinkleider, Strümpfe und auf den Schuhen vergoldete Schnallen.

Unmerklich geht aber die Kostümbeschreibung in die der gegenwärtigen Situation über:

> Seit einer halben Stunde hat er wegen der für diesen Monat außerordentlichen Hitze sich des Rocks entledigt und sitzt, vergnüglich plaudernd, barhaupt, in Hemdsärmeln da. Madame Mozart ...

Bevor aber der Dialog beginnt, wird noch einmal ein berichtender Satz im Praeteritum eingeschoben:

> Man war eine sanft ansteigende Höhe zwischen fruchtbaren Feldern, welche hie und da die ausgedehnte Waldung unterbrachen, gemachsam hinauf und jetzt am Waldessaum angekommen. ‹Durch wieviel Wälder›, sagte Mozart, ‹sind wir nicht heute ...›

Mit dem Dialog kommt hier zum ersten Mal das dramatische Element in diese an sich ganz undramatische Novelle (vgl. etwa Kleist). Im allgemeinen wird sie von der epischen und der publikumsbezogenen Grundhaltung geprägt. Die erste wirkt sich in den Schilderungen aus, die zweite in den vielen Arten des Leserbezuges, an denen diese Novelle so besonders reich ist.

Von 77 Seiten Text, die die Novelle im Reclambändchen ausmacht, entfallen etwa 10 allein auf «Stellen, in denen der Erzähler sich in mehr oder weniger offener Anrede an den Leser wendet, um erläuternd, belehrend oder kritisierend das erzählte Geschehen zu kommentieren»[6]. Solche Einschübe werden durch Wendungen eingeleitet, die immer in Richtung auf den Leser gesprochen vorgestellt werden müssen:

> ... hier drängt sich uns voraus die schmerzliche Betrachtung auf (9)
> ... von diesem Mann bemerken wir beiläufig (27) ... die Wirkung eines
> solchen Vortrages liegt in (30) ... Hier überging Madame Mozart einige
> Umstände mit Stillschweigen. Es war, muß man wissen (54) ...

Wir werden später zeigen, daß etwa Wieland in ganz ähnlicher Weise auf sein Publikum Bezug nimmt. Aber nicht nur bei philosophisch oder spielerisch distanzierten Dichternaturen kommt diese Art des Erzählens vor[7]. In die Novelle *Elsi die seltsame Magd* des ernsthaften Schweizers Jeremias Gotthelf finden wir lehrhafte Reflexionen eingeschoben:

> ... So aus einem reichen Mann ein armer Hudel zu werden und als
> solcher so manches Jahr umgehen zu müssen von Haus zu Haus, ist
> eine gerechte Strafe für den, der in Schimpf und Schande seine Familie
> stürzt und sie so oft noch um mehr bringt als um das leibliche Gut.
> So einer ist aber auch eine lebendige Predigt für die übermütige Jugend,
> ob welcher sie lernen mag das Ende, welches zumeist dem Übermute
> gesetzet ist ... Indessen wachte über dem armen Kinde eine höhere
> Hand und ließ aus dessen Stolze eine Kraft emporwachsen, welche
> demselben zu einem höheren Entschlusse half; denn so tut es Gott oft,
> eben aus dem Kerne, den die Menschen verworfen, läßt er emporwach-
> sen die edelste Frucht ... Das nun ist einer Meisterfrau unbeschreiblich
> anständig, wenn sie nicht an alles sinnen, allenthalben nachsehen muß,
> wenn sie nicht nur das Schaffen, sondern auch das Sinnen übertragen
> kann, aber sie findet selten einen Dienst, bei welchem sie dieses kann.
> Viele Menschen scheinen nicht zum Sinnen geboren, und viele wiederum
> haben ihre Gedanken nie da, wo es nötig wäre, und wenige sind, die
> wache Sinne haben, geleitet und gehütet von klarem Verstande, und

aus diesen wenigen sind wiederum wenige, die zum Dienen kommen, oder dienen selten lange, denn das sind geborene Meisterleute ... Heutzutage hätte man es kürzer gemacht und nach den Schriften gefragt, absonderlich nach dem Heimatschein, den man hinterlegen müsse ...; damals dachte man an solche Dinge nicht ... Aber man weiß, wie das beim jungen Volke geht, welches alle Tage eine andere Rechnung macht und immer ...

Können diese und so viele weitere Stellen anders vorgestellt werden als zum Leser gesprochen? Der Anfang der Erzählung aber ist ebenfalls so aufzufassen:

Reich an schönen Tälern ist die Schweiz, wer zählte sie wohl auf? In keinem Lehrbuch stehn sie alle verzeichnet. Wenn auch nicht eins der schönsten, so doch eines der reichsten ist das Tal, in welchem Heimswyl liegt ...

Auf einmal fällt uns auf, wie beliebt solche Anfänge sind, in denen der Dichter sich reflektierend oder erläuternd direkt an den Leser wendet. Liegen sie nicht nahe? Adalbert Stifters *Brigitta* beginnt mit einer Meditation über die Schönheit:

Es gibt oft Dinge und Bezeichnungen in dem menschlichen Leben, die uns nicht sogleich klar sind und deren Grund wir nicht in Schnelligkeit hervorzuziehen vermögen. Sie wirken dann meistens mit einem gewissen schönen und sanften Reize des Geheimnisvollen auf unsere Seele ... Zu diesen Bemerkungen bin ich durch eine Begebenheit veranlaßt worden, die ich einmal in sehr jungen Jahren auf dem Gute eines alten Majors erlebte, da ich noch eine sehr große Wanderlust hatte, die mich bald hier, bald dort ein Stück in die Welt hineintrieb, weil ich noch weiß Gott was zu erleben und zu erforschen verhoffte ...

Wenn die Erzählung durch eine Wiederaufnahme des Einleitungsthemas abgeschlossen wird, sprechen wir von «Rahmenstrukturen». Storm etwa nimmt sehr häufig im Rahmen seiner lyrischen Novellen Bezug zur Gegenwart und zum Leser selbst. Selbst in der Einleitung zu Theodor Fontanes «Berliner Roman», *Irrungen, Wirrungen*, glauben wir einen versteckten Bezug auf den Leser seiner Zeit zu spüren. (Wir heben die Worte, die das am besten zeigen, hervor.)

An dem Schnittpunkt von Kurfürstendamm und Kurfürstenstraße, schräg gegenüber dem «Zoologischen», befand sich in der Mitte der siebziger Jahre noch eine große, feldeinwärts sich erstreckende Gärtnerei, deren kleines dreifenstriges ... Überhaupt schien sich nichts mit

Absicht verbergen zu wollen, und doch mußte jeder, der *zu Beginn unserer Erzählung* des Weges kam, sich an dem Anblick des dreifenstrigen Häuschens und einiger im Vorgarten stehender Obstbäume genügen lassen. Es war die Woche nach Pfingsten, die Zeit der langen Tage, deren blendendes Licht mitunter kein Ende nehmen wollte. Heute aber stand die Sonne ...

Wir merken, daß die eigentliche Erzählung erst mit dem letzten hier voll zitierten Satz beginnt. Die beiden Seiten vor diesem Satz werden von einer auf den Leser bezogenen Ortsschilderung ausgefüllt.

Wir finden den publikumsbezogenen Satz gelegentlich so wohlversteckt in scheinbar «rein epischer» Schilderung, daß er uns gar nicht auffällt. Hermann Hesses Erzählung *Heumond* etwa beginnt mit folgenden Sätzen:

Das Landhaus Erlenhof lag nicht weit vom Wald und Gebirge in der hohen Ebene. Vor dem Haus war ein großer Kiesplatz ... Der Kiesplatz und die Straße trennten das Haus vom Garten. ‹Garten› sagte man wenigstens, aber es war vielmehr ein mäßig großer Park, nicht sehr breit, aber tief ...

Die einschränkende Bemerkung des letzten Satzes kann nur in Hinsicht auf den Leser einen Sinn haben [8].

Thomas Mann nimmt in allen seinen Romanen direkten Kontakt mit seinem Publikum auf – außer in *Dr. Faustus* und *Die Bekenntnisse des Hochstaplers Felix Krull*, weil diese einen fiktiven Erzähler haben (Zeitblom beziehungsweise Krull), der sich so verhält, wie in den anderen Werken der Dichter selbst. In dem Roman *Der Zauberberg* etwa finden wir eine solche Fülle äußerst amüsanter Reflexionen über die Wahl des rechten Ausdrucks, die immer zugleich einen spielerischen Kontakt mit dem Leser herstellen, daß es uns schwerfällt, nicht seitenlang zu zitieren:

Hans Castorp konnte sich, wenn er von einer gemeinsamen Mahlzeit aufstand, ganz unmittelbar auf die nächste freuen – sofern nämlich ‹sich freuen› das richtige Wort war für die Art der Erwartung, mit der er dem neuen Zusammensein mit der kranken Frau Clawdia Chauchat entgegensah, und nicht ein zu leichtes, vergnügtes, einfältiges und gewöhnliches. Möglicherweise ist der Leser geneigt, nur solche Ausdrücke, nämlich vergnügte und gewöhnliche, in Bezug auf Hans Castorps Person und sein Innenleben als passend und zulässig zu erachten; aber wir erinnern daran, daß er sich als ein junger Mann von Vernunft und Gewissen auf den Anblick und die Nähe Frau Chauchats nicht einfach ‹freuen› konnte und, da wir es wissen müssen, stellen wir fest, daß er dies Wort, wenn man es ihm angeboten hätte, achselzuckend verworfen haben würde ... Ja, er wurde hochnäsig gegen gewisse Ausdrucksmittel — das ist eine Einzelheit, die angemerkt zu werden verdient ... Lächerlich! An solchem innigen Liedchen mochte irgend ein junger Mann Genüge und Gefallen finden, der ‹sein Herz›, wie man zu sagen pflegt, erlaubter-, friedlicher- und aussichtsreicherweise irgendeinem gesunden Gänschen dort unten im Flachlande ‹geschenkt› hatte und sich nun seinen erlaubten, aussichtsreichen, vernünftigen und im Grunde vergnügten Empfindungen überließ. Für ihn und sein Verhältnis zu Madame Chauchat — das Wort ‹Verhältnis› kommt auf seine Rechnung, wir lehnen die Verantwortung dafür ab — schickte sich ein solches Gedichtchen entschieden nicht ...

Wie jedermann nehmen wir das Recht in Anspruch, uns bei der hier laufenden Erzählung unsere privaten Gedanken zu machen, und wir äußern die Mutmaßung, daß Hans Castorp ...

Indem wir dies aussagen, verändern wir unsere Mienen und bemerken, daß, wenn wir von den fraglichen Beziehungen bisher in einem leichten und spaßhaften Ton gesprochen haben sollten, es aus den selben geheimen Gründen geschehen wäre, aus denen es so oft geschieht, ohne daß für die Leichtigkeit oder Spaßhaftigkeit der Sache damit irgendetwas bewiesen wäre; und in der Sphäre, wo wir uns befinden, wäre das in der Tat noch weniger der Fall als anderwärts ...

Während also die Lippen Hans Castorps und Frau Chauchats sich im russischen Kusse finden, verdunkeln wir unser kleines Theater zum Szenenwechsel. Denn nun handelt es sich um die zweite der beiden Unterredungen, deren Mitteilung wir zusicherten, und nach Wiederherstellung der Beleuchtung, der trüben Beleuchtung eines zur Neige gehenden Frühlingstages, zur Zeit der Schneeschmelze, erblicken wir unseren Helden ...

Hier steht eine Erscheinung bevor, über die der Erzähler sich selbst zu wundern gut tut, damit nicht der Leser auf eigene Hand sich allzu sehr darüber wundere ...

Man wird diesem Stil nicht gerecht, wenn man ihn mit dem zu weit gefaßten (und deshalb undeutlichen) Begriff der Ironie abtut. Zwar ist der Schriftsteller ironisch, indem er seinen Sprachmitteln nicht mehr traut, sie nicht mehr naiv gebrauchen kann, sondern spöttisch-spielerisch hin und her wendet. Damit ist aber noch nicht alles charakterisiert: ebenso typisch ist für Thomas Mann die distanzierte Einstellung zum Stoff und kokettierende Publikumsbezogenheit, die sich mit seiner Ironie verbindet.

Fünftes Kapitel

Das erstaunlichste Beispiel dieser Erzählhaltung gibt uns Thomas Mann im Anfang des Romans *Der Erwählte*, indem er dort den fiktiven Erzähler des Romans selbst spielerisch einbezieht und parodiert. Der Roman beginnt, wie so viele andere, mit der Rahmensituation, die zugleich das Ende ist: Ein ungeheures Glockenläuten über Rom verkündet die Rettung und Verherrlichung des Helden, des Erwählten. Auf der zweiten Seite schaltet sich auf einmal der Dichter, oder der fiktive Erzähler?, mit einer Frage ein:

> Wer läutet die Glocken? Die Glöckner nicht. Die sind auf die Straße gelaufen wie alles Volk, da es so ungeheuerlich läutet. Überzeugt euch: die Glockenstuben sind leer. Schlaff hangen die Seile, und dennoch wogen die Glocken, dröhnen die Klöppel. Wird man sagen, daß niemand läutet? – Nein, nur ein ungrammatischer Kopf ohne Logik wäre dieser Aussage fähig. Es läuten die Glocken, das meint: sie werden geläutet, und seien die Stuben noch so leer. – Wer also läutet die Glocken Roms? – Der Geist der Erzählung. – Kann denn der überall sein, hic et ubique, ... an hundert weihlichen Orten auf einmal? – Allerdings, das vermag er. Er ist luftig, körperlos, allgegenwärtig, nicht unterworfen dem Unterschied von hier und dort. Er ist es, der spricht: Alle Glocken läuteten; und folglich ist er's, der sie läutet. So geistig ist dieser Geist und so abstrakt, daß grammatisch nur in der dritten Person von ihm die Rede sein und es lediglich heißen kann: ‹Er ist's.› Und doch kann er sich auch zusammenziehen zur Person, nämlich zur ersten, und sich verkörpern in jemanden, der in dieser spricht und spricht: Ich bin es.
> Ich bin der Geist der Erzählung, der, sitzend an seinem derzeitigen Ort, nämlich in der Bibliothek des Klosters Sankt Gallen im Alemannenlande, wo einst Notker der Stammler saß, zur Unterhaltung und außerordentlichen Erbauung diese Geschichte erzählt, indem ich mit ihrem gnadenvollen Ende beginne und die Glocken Roms läute.

Wir haben bisher nur Prosa betrachtet, die in der dritten Person berichtet. Es ist offensichtlich, daß andere Formen sich noch wesentlich besser zur Überprägung durch die publikumsbezogene Grundhaltung eignen. Vor allem liegt das für die große Tradition der sogenannten Bekenntnisliteratur (Lebensbeichten, Autobiographien etc.) nahe, die sich in der ersten Person an den Leser wendet. Eines der berühmtesten Beispiele, Rousseaus *Bekenntnisse*, beginnt mit folgenden Worten:

> Ich beginne ein Unternehmen, das bis heute beispiellos ist und dessen Ausführung keinen Nachahmer finden wird. Ich will meinen Mitge-

schöpfen einen Menschen in seiner ganzen Naturwahrheit zeigen; und dieser Mensch werde ich selber sein. Ich allein. Ich kenne meine Gefühle, und ich kenne die Menschen ...

Diesem Genre ist das der Briefromane nahe verwandt. Goethes *Werther* schreibt zwar nicht an den Leser. Dennoch fühlt sich dieser beim Lesen direkt angesprochen, ganz ähnlich wie beim Lesen einer Lebensbeichte. Immer aber spricht der «Chronist» oder Herausgeber der Briefe den Leser direkt an [9].

Am deutlichsten sind naturgemäß die Gattungen der rhetorischen Literatur (alle Arten der Rede und Ansprache, Predigt, Radiokommentar, zu großen Teilen selbst der Essay und theoretische Abhandlungen) vom Publikumsbezug bestimmt. Sie werden, wie man in Lehrbüchern der Rhetorik leicht nachlesen kann, geradezu danach bewertet, wieweit sie geeignet sind, mit dem Hörer einen wirkungsvollen Kontakt herzustellen. Beispiele hierfür brauchen wir nicht anzuführen.

Um das Gleichgewicht wiederherzustellen, wollen wir an wenigen Zitaten zeigen, wie auch die lyrische und die dramatische Grundhaltung Prosa überprägen können. Lyrische Prosa ist häufig der «gebundenen» Form so nahe, daß sie entweder selbst leicht in Poesie umgewandelt werden könnte oder aber zwanglos bei jeder Gelegenheit in Verse übergeht. Für die erste Möglichkeit finden wir ein extremes Beispiel bei Achim von Arnim [10], der Satzblöcke sich sowohl im Rhythmus als im Reim so entsprechen läßt, daß sie ohne weiteres als «Lyrik in Prosaform» [11] bezeichnet werden können:

... Warum muß ich fliehn, woher sie alle ziehn, die strahlenden, die malenden, die luftig zerstreuten im Leuchten erfreuten Blicke der Liebe! – Des Unbedeutenden Macht hat keiner gedacht, und des Bedeutenden Blick ist voller Tück. Was riß mich fort? Was hielt mich dort? ...

So geht es seitenlang.

Zwar finden wir auch jambische Partien in Goethes Prosadramen und Spittelers *Prometheus und Epimetheus*. Doch wir hätten diese formal zur Poesie, gehaltlich aber zur Dramatik beziehungsweise Epik zu rechnen. (Denn der gleichmäßige Sprachrhythmus allein gibt keinen Aufschluß über den lyrischen Charakter einer Dichtung.) Wenn aber wie bei Arnim oder Jean Paul und Brentano die Bildwelt und Sprachfügung ebenfalls lyrischen Charakter annehmen, dürfen wir wohl von «Lyrik in Prosa» sprechen. Gessners Idyllen sowie Goethes Ossianfragment im *Werther* würden hierzu ebenso gehören wie Novalis' *Hymnen an die Nacht* und der *Phantasus* von Arno Holz. Man vergißt leicht, daß die beiden letzteren in Prosa, das heißt nicht in metrisch betonten, sondern in sinnbetonten Satzblöcken geschrieben sind. Ebenso besteht Nietzsches *Also sprach Zarathustra* aus teils lyrischer, teils rhetorischer Prosa. Die Lyrik der Freien Rhythmen dagegen (Klopstock, Goethe, Hölderlin, Rilke) muß zur Poesie gerechnet werden, auch wenn sie keinen Reim aufweist. Denn sie zeigt jene Spannung zwischen metrisch-regelmäßigem und sinngemäßem (Prosa-)Akzent auf, der für den Vers typisch ist. Sie ist aber auch im Gehalt vorwiegend lyrisch.

Die eben besprochenen Übergangserscheinungen zwischen Poesie und Prosa einerseits und Lyrik und Epik andererseits sollen das komplexe und zur Vermischung neigende Verhältnis dieser Pole veranschaulichen.

Es muß noch die zweite Möglichkeit am Beispiel gezeigt werden, bei der Prosa in Lyrik übergeht, ohne daß diese beiden sich selbst vermischen. Wir erinnern an die vielen eingestreuten Gedichte und Lieder in Goethes Romanen, mehr noch in romantischer Prosa wie Eichendorffs *Leben eines Taugenichts* oder hier in *Godwis Tagebuch* von Clemens von Brentano [12]:

... Die Worte Tiliens beschämten mich. Ich schwieg. Ich wollte Tilien ihre Götter rauben, und sie blieb mir freundlich ... So war es in mir. Tilie ging ruhig an meiner Seite und sang:

> Sprich aus der Ferne,
> Heimliche Welt,
> Die sich so gerne
> Zu mir gesellt.
> Wenn das Abendrot niedergesunken,
> Keine freudige Farbe mehr spricht
> Und die Kränze stilleuchtender Funken
> Die Nacht um die schattige Stirne flicht:
> Wehet der Sterne
> Heiliger Sinn
> Leis durch die Ferne
> Bis zu mir hin ...

So sang Tilie durch die Büsche, als bete sie. Der ganze Tempel der Nacht feierte über ihr, und ihre Töne, die in die dunkeln Büsche klangen, schienen sie mit goldnen, singenden Blüten zu überziehen ...

Die Auswirkung der Grundhaltungen

In diesem Tagebuch verwandelt sich auch das Gespräch der Liebenden unmerklich in Verse, und das zeigt, daß es dem lyrischen Dichter auf die Wahrscheinlichkeit (die nur ein gelegentlich eingestreutes Lied gestatten würde) nicht mehr ankommt. Er will Stimmung erzeugen, und dazu sind ihm alle geeigneten Mittel recht, – ähnlich wie im lyrischen Gedicht Logik, ursächliche Verknüpfung, das zeitliche Nacheinander etc. kaum eine Rolle spielen.

Kleists Novellen sind immer als hervorragende Beispiele dramatisch überformter Prosa gesehen worden [13], und das zu Recht. Gestaltet doch dieser Dichter selbst Liebesszenen gern in der Dialogform des Verhörs, die wegen ihrer Spannung besonders dramatisch ist. Besonders charakteristisch sind jene (eigentlich höchst unwahrscheinlichen) Knotenpunkte der Handlung, ohne die der dramatische Dichter nicht auskommt, da erst sie den Konflikt ermöglichen. Wir können sie als Zufälle, von denen alles weitere abhängt, oder als das Eingreifen einer numinosen Macht verstehen. Kleist kündigt sie mit Wendungen wie den folgenden aus *Michael Kohlhaas* an:

Es traf sich, daß der Stadthauptmann eben ...
Nun begab es sich, daß gegen Abend ...

Das relativ einfache Grundprinzip einer solchen «dramatischen Koinzidenz» ist das zeitliche Zusammentreffen zweier oder mehrerer Ereignisse, die sich eigentlich nicht miteinander vertragen und deshalb eine Spannung hervorrufen, die den folgenden Teil der Handlung vorantreibt. (So etwa im *Michael Kohlhaas*: Hätte der Roßhändler nicht zufällig die Kapsel mit der Wahrsagung bekommen, an der dem sächsischen Kurfürsten so viel lag — so wären alle Ereignisse, die den zweiten Teil der Novelle ausmachen, nicht möglich gewesen.) Da das Zusammentreffen zum gleichen Zeitpunkt der Mechanismus ist, durch den jede dramatische Koinzidenz zustande kommt, verwundert es uns nicht, im Text immer Formulierungen zu finden wie:

Er war aber noch kaum unter dem Schlagbaum angekommen, als ...
(Kohlhaas) ... die Zügel seines Pferdes ergriff, um abzureiten. In diesem Augenblick trat der Schloßvogt aus ...
Er stand noch und streifte ..., als sich die Szene plötzlich änderte, und der Junker ...

Wenn wir in dramatischen Werken ein solches Zusammentreffen von Ereignissen, das neue Spannungen schafft, erleben, vergessen wir fast, daß hier nur ein Prinzip exemplarisch erfahren wird, welches unser tägliches Leben überall beherrscht, das der Kausalität. Auch unser Alltag ist voll von «Unwahrscheinlichkeiten», die wir uns nur noch gelegentlich bewußt machen. Und ebenso wie im Leben ist in der dramatisch gestaltenden Literatur keine Handlung ohne die alles überwiegende Bedeutung der Zeit zu denken. Das Wichtigste, ob Dinge gleichzeitig oder nacheinander geschehen, ist uns so selbstverständlich geworden, daß wir es fast nur noch im dramatischen Kunstwerk, symbolisch gestaltet, in seiner eigentlichen Bedeutung würdigen. Im Alltag spielt es wohl nur noch in Kriminalermittlungen eine entscheidende Rolle.

Aber nicht nur die Handlung selbst wird bei Kleist dramatisch gestaltet, sondern auch ihre Darbietung durch die Personen. Dabei wird alles Psychologische in Mimik umgesetzt, die Charaktere werden absichtlich nur von außen dargestellt:

> Der Junker, indem ihm eine flüchtige Blässe ins Gesicht trat, stieg vom Pferde ...
>
> ‹Liegt er denn noch im Bette?› fragte Kohlhaas, indem er sich von der Halsbinde befreite ...
>
> Lisbeth, sein Weib, erblaßte bei diesen Worten. Sie wandte sich und hob ihr Jüngstes auf, das hinter ihr auf dem Boden spielte, Blicke, in welchen sich der Tod malte, bei den roten Wangen des Knaben vorbei, der mit ihren Halsbändern spielte, auf den Roßkamm und ein Papier werfend, das er in der Hand hielt ...

Es muß hier daran erinnert werden, daß der rigorose Kohlhaas eben im Begriff ist, sein Heim zu zerstören, um desto ungestörter seiner fanatischen Rechtssuche nachzugehen, und daß sein Weib sich nach alter Sitte nicht in die Geschäfte der Männer einmischen darf. So zu schildern hat nach Kleist nur Brecht in seinen *Kalendergeschichten* wieder verstanden. — Auf der nächsten Seite heißt es:

> Die Frau ging in der Stube auf und ab; ihre Brust flog, daß das Tuch, an welchem der Knabe gezupft hatte, ihr völlig von der Schulter herabzufallen drohte ...

Selbst Lisbeths letztes Vermächtnis vom Totenlager wird in Gebärden ausgedrückt:

> ... sie lag mit starrem, schon gebrochenem Auge, da und antwortete nicht. Nur kurz vor ihrem Tode kehrte ihr noch einmal die Besinnung wieder. Denn da ein Geistlicher lutherischer Religion (zu welchem eben damals aufkeimenden Glauben sie sich, nach dem Beispiel ihres Mannes,

bekannt hatte) neben ihrem Bette stand und ihr, mit lauter und feier-
licher Stimme, ein Kapitel aus der Bibel vorlas, so sah sie ihn plötzlich
mit einem finsteren Ausdruck an, nahm ihm, als ob ihr daraus nichts
vorzulesen wäre, die Bibel aus der Hand, blätterte und blätterte und
schien etwas darin zu suchen; und zeigte dem Kohlhaas, der an ihrem
Bette saß, mit dem Zeigefinger den Vers: ‹Vergib deinen Feinden; tue
wohl auch denen, die dich hassen.› — Sie drückte ihm dabei mit
einem überaus seelenvollen Blick die Hand und starb. —

Was in Kohlhaas vorgeht, als er seine Verdammung durch Lu-
ther liest, wird so beschrieben:

> Eine dunkle Röte stieg in sein Antlitz empor; er durchlas es, indem
> er den Helm abnahm, zweimal von Anfang bis zu Ende; wandte sich
> mit ungewissen Blicken mitten unter die Knechte zurück, als ob er
> etwas sagen wollte, und sagte nichts; löste das Blatt von der Wand los,
> durchlas es noch einmal und rief ...

Schließlich müssen noch die wirkungsvollen Szenen als dramatisch bezeichnet werden, die wie Historienbilder allein durch ihre
Anordnung schon einen Gutteil der Geschichte enthalten (etwa der
Fußfall der Nonnen vor dem erbitterten Kohlhaas) — und Formulierungen, die bereits die Spannung der Novelle spiegeln und zusammenfassen, wie am Anfang Kohlhaas «einer der rechtschaffen-
sten zugleich und entsetzlichsten Menschen seiner Zeit» genannt
wird und vorausdeutend gesagt wird: «Das Rechtsgefühl aber machte
ihn zum Räuber und Mörder.»

Aber selbst in dieser so eindrucksvoll von der dramatischen
Grundhaltung überprägten Novelle (und in allen Novellen Kleists)
gibt es genügend Stellen, in denen der Dichter sich seines Publikums bewußt wird und dieses sogar anspricht: «Der Engel des Ge-
richtes fährt also vom Himmel herab», sagt der Dichter einmal
über die Art, wie Kohlhaas den Junker Wenzel überfiel. Wer sich
darauf versteifen möchte, der Dichter könne das auch zu sich selbst
gesagt haben, wird doch die folgenden Zitate nicht mehr anzweifeln:

> ... zu welchem vielleicht auch noch Gründe anderer Art mitwirkten,
> die wir jedem, der in seiner Brust Bescheid weiß, zu erraten überlassen
> wollen ... Wohin er eigentlich ging, und ob er sich nach Dessau wandte,
> lassen wir dahingestellt sein, indem die Chroniken, aus deren Verglei-
> chung wir Bericht erstatten, an dieser Stelle, auf befremdende Weise,
> einander widersprechen und aufheben ...

Auf der gleichen Seite spricht Kleist von einem Brief Luthers, «der aber verlorengegangen ist». Schließlich heißt es:

> Hier endigt die Geschichte vom Kohlhaas ... Der Kurfürst von Sachsen kam bald darauf, zerrissen an Leib und Seele, nach Dresden zurück, wo man das weitere in der Geschichte nachlesen muß ...

Manchmal verbinden sich die dramatische Koinzidenz und der Publikumsbezug in einem Satz:

> Es traf sich aber, daß die Krone Polen gerade damals, indem sie mit dem Hause Sachsen, um welchen Gegenstandes willen wissen wir nicht, im Streit lag ...
> ... und wie denn die Wahrscheinlichkeit nicht immer auf Seiten der Wahrheit ist, so traf es sich, daß hier etwas geschehen war, das wir zwar berichten, die Freiheit aber, daran zu zweifeln, demjenigen, dem es wohlgefällt, zugestehen müssen ...

Auch die für Kleist so typischen Adverbialsätze der Art und Weise, die er mit «dergestalt daß» einleitet, lassen Publikumskontakt des Dichters spüren. Der kontaktlose Sprecher würde sich nicht die Mühe des Erläuterns und Ausmalens machen. (Da aber der letzte Satz für alle epischen Schilderungen zutrifft, ahnen wir, daß auch der Publikumsbezug in ihnen immer vorhanden sein muß, zumindest im Ansatz; ebenso wie immer Gefühl [Lyrisches] mitschwingen dürfte.)

Trotz der auch hier nicht fehlenden Beispiele eines Publikumsbezuges ist die Prosa Kleists (wie die Gattung Novelle überhaupt) ein gutes Beispiel für dramatisch überprägte Epik — ebenso wie die Zitate davor lyrische Epik zeigten. Aber wir müssen noch einmal zum Roman zurückkehren: Besonders stehen dem Publikumsbezug die Teile des Romans offen, in denen sich der Dichter ausdrücklich und unverhüllt an seine Leser wendet, das Vorwort und das Nachwort. Als einziges Beispiel bringen wir hier Wielands amüsanten «Vorbericht» zu seiner *Geschichte des Agathon* [14], in dem er ähnliche Vorbemerkungen zu «historischen» Romanen parodiert.

In diesen Sätzen spricht sich eine solche spielerisch-artistische Distanz zum Stoff und eine solch starke Berücksichtigung des Lesepublikums aus, daß wir nichts weiter zu erläutern brauchen:

> Der Herausgeber der gegenwärtigen Geschichte siehet so wenig Wahrscheinlichkeit vor sich, das Publikum überreden zu können, daß sie in

der Tat aus einem alten Griechischen Manuskript gezogen sey; daß er am besten zu thun glaubt, über diesen Punct gar nichts zu sagen, und dem Leser zu überlassen, davon zu denken, was er will.

Gesetzt, daß wirklich einmal ein Agathon gewesen ... was würde uns bewegen können, seine Geschichte zu lesen, und wenn es gleich gerichtlich erwiesen wäre, daß sie in den Archiven des alten Athens gefunden worden sey? Die Wahrheit, welche von einem Werke, wie dasjenige, so wir den Liebhabern hiemit vorlegen, gefordert werden kann und soll, besteht darinn ... und diese Wahrheit getrauet sich der Herausgeber den Lesern der Geschichte des Agathons zu versprechen. Seine Hauptabsicht war ... Es ist bekannt, daß öfters im menschlichen Leben weit unwahrscheinlichere Dinge begegnen, als der Chevalier de Mouhy selbst zu erdichten sich getrauen würde ... Wir würden dem zweiten Theile, dessen Ausgabe von der Aufnahme des ersten abhangen wird, den Vortheil der Neuheit und den Lesern zu gleicher Zeit ein künftiges Vergnügen rauben, wenn wir den Inhalt desselben vor der Zeit bekannt machten. Genug, daß man unsern Helden in der Folge in ebenso sonderbaren und interessanten Umständen und Verwiklungen sehen wird, als in dem ersten Theil. Alles, was wir vorläufig von der Entwiklung sagen können, ist dieses: ...

Dieser Stil prägt denn auch das ganze Buch. Vom ersten zum zweiten Abschnitt des ersten Kapitels wird mit folgenden Worten übergeleitet:

Er warf sich also ganz Athemlos unter einen Baum hin, der eine kleine Terasse umschattete, auf welcher er die einbrechende Nacht zuzubringen beschloß.

Wenn sich jemals ein Mensch in Umständen befunden hatte, die man unglüklich nennen kann, so war es dieser Jüngling in denjenigen, worinn wir ihn das erste Mal mit unsern Lesern bekannt machen. Vor wenigen Tagen noch ...

Das zweite Kapitel beginnt mit einer publikumsbezogenen Reflexion:

Wenn es seine Richtigkeit hat, daß alle Dinge in der Welt in der genauesten Beziehung aufeinander stehen, so ist nicht minder gewiß, daß diese Verbindung unter einzelnen Dingen oft ganz unmerklich ist; und daher scheint es zu kommen, daß die Geschichte zuweilen viel seltsamere Begebenheiten erzählt, als ein Romanen-Schreiber zu dichten wagen dürfte. Dasjenige, was unserem Helden in dieser Nacht begegnete, giebt mir neue Bekräftigung dieser Beobachtung ab ...

Einleitende Sätze wie der zum nächsten Abschnitt tauchen überall im Buche auf: «Hier können wir unsern Lesern einen Umstand nicht länger vorenthalten, der ...»

Ja, selbst die Titel mehrerer Kapitel weisen eindeutig auf den starken Publikumsbezug hin, zum Beispiel:

Viertes Capitel / Welches bey einigen den Verdacht erregen wird, daß diese Geschichte erdichtet sey —
Achtes Capitel / Vorbereitungen zum Folgenden —
Erstes Capitel / Geheimer Anschlag, den Hippias gegen die Tugend unsers Helden macht —
Viertes Capitel / Wie gefährlich es ist, der Besitzer einer verschönernden Einbildungskraft zu seyn —
Zweytes Capitel / Eine kleine metaphysische Abschweiffung —

Schließlich beendet der Dichter seinen Roman mit einer «Abdankung», die wiederum eindeutig an den Leser gerichtet ist, und zwar — wie das ganze Buch — an einen gebildeten, der etwa Anspielungen auf Horaz und andere Schriftsteller der Antike versteht. Wie bereits im Vorwort wird der Leser auf eine Fortsetzung begierig gemacht:

... Nun bleibt uns nichts übrig, als unsern Lesern und Leserinnen, welche Geduld genug gehabt haben, bis zu diesem Blatte fortzulesen — dafür zu danken — und sie zu versichern, daß es uns sehr angenehm seyn sollte, wenn sie soviel Geschmack an dieser Geschichte gefunden hätten, um sie noch einmal zu lesen ... Übrigens kann er (der Herausgeber) nicht umhin, seinen Freunden im Vertrauen zu entdeken, daß ihn das griechische Manuscript, welches er in Händen hat, in den Stand sezt, noch einige Nachträge oder Zugaben zu der Geschichte des Agathon zu liefern, welche ihrer Neugier vielleicht nicht unwürdig seyn möchten ...

Daß sich ähnliche Beispiele einer distanzierten Erzählweise, die weder lyrisch noch eigentlich episch oder gar dramatisch, sondern in erster Linie publikumsbezogen ist, bei bestimmten Dichtern endlos zitieren ließen, wird niemand bezweifeln. Bei einigen Autoren, wie etwa bei Kleist, tauchen sie nur gelegentlich und versteckt auf — bei anderen wie bei Wieland und Thomas Mann dominieren sie das ganze Werk und dürfen als stilbildende Charakteristika bezeichnet werden.

Es muß jedem überlassen bleiben, weitere Belege für die Auswirkung der artistischen Grundhaltung in epischen Gattungen zu entdecken. Hier kann nur noch kurz darauf hingewiesen werden, daß sie auch bei den Kurzformen überall zu finden ist. Wir spüren sie im einleitenden «Es war einmal ...» des Märchens, auch im beliebten Endsatz, mit dem sich der Erzähler von den Hörern verabschiedet: «Und wenn sie nicht gestorben sind, so leben sie heute noch»; mehr noch in der einleitenden Bezugnahme auf einen realen Ort in der Sage: «Auf der Burg Waldstein bei Grotteck, wo noch heute eine einsame Turmruine zu sehen ist, hauste einst ein Graf, der ...»; ebenso in der Anekdote, die an vertraute historische Persönlichkeiten anknüpft.

Daß der Witz auf die Psychologie des Publikums abgestimmt sein muß, um zu wirken, weiß jeder. (So erklärt es sich zum Beispiel, daß die Deutschen über die englischen Punch-Witze im allgemeinen nicht lachen können — ja nicht einmal der Bayer über einen rheinländischen Witz.) Im Witz haben wir in ähnlicher Form wie beim Refrain-Couplet das Prinzip der intellektuellen Spannung und Entspannung. Das befreiende Gelächter nach der Pointe entspräche hier dem rhythmischen Einschwingen in den Refrain. Allein die Tatsache, daß ein Publikum jemandem angespannt zuhören muß, um den befreienden Moment der verstandenen Pointe zu erleben, wirkt kontaktfördernd.

Ich habe mich in den letzten Beispielen mehr und mehr darauf konzentriert, das publikumsbezogene Element in den verschiedenen Gattungen aufzuzeigen. Und dazu bin ich berechtigt, weil es bisher nur selten gesehen und wohl nie im Zusammenhang dargestellt worden ist. Dabei ist es immer, zumindest in Ansätzen, in allen Gattungen der Literatur vorhanden gewesen, von den «undersniten nen maeren» des Wolfram von Eschenbach bis zu Kafka.

In Kafka darf man mit Beißner [15] zu Recht einen Dichter erblikken, der (im Gegensatz etwa zu Thomas Mann) sich fast niemals als Person in seine Erzählung einmischt [16], um den Zuschauer anzusprechen. Jedoch im *Prozeß* tut er es doch einmal, und zwar in jenem umstrittenen Schlußsatz: « ‹Wie ein Hund!› sagte er, *es war, als sollte die Scham ihn überleben»*, der sonst in der Struktur des Ganzen so schlecht zu erklären wäre [17].

Kafka ist aber fast ein Ausnahmefall. Im allgemeinen haben wir zu unterscheiden zwischen Dichtungen, in denen der Dichter — je nach seinem Naturell — häufiger oder seltener, offen oder versteckt mit dem Publikum in Kontakt tritt, und solchen Gattungen, die bereits durch ihre Bestimmung (Wolfgang Kayser würde sagen, durch ihre Lebensform) und Wirkungsweise von der artistischen Grundhaltung geprägt werden.

Zu der ersten Gruppe gehören die meisten der zuvor interpretierten Werke. Der Lyriker und der Romancier haben es an sich nicht nötig, sich offen auf das Publikum zu beziehen. Wenn es in Romanen von Goethe, Keller, Jean Paul, Stifter, Gotthelf, Raabe, Fontane, Broch, Musil, Fielding, Elliot, Thackeray, Proust, Joyce und Dostojewskij doch geschieht, so liegt das an der Haltung der Dichter, nicht an der «Forderung der Gattung».

Zu den Gattungen aber, die bereits durch ihre Lebensform publikumsbezogen sein müssen, gehören folgende in Gedichtform: das Theaterlied, das nicht an einen der Akteure gerichtet wird; die Arie der Nummernoper, die an der Rampe gesungen wird und nicht, wie im Verismo, in die Handlung integriert ist; der Bänkelsang in beiden Grundformen, der in der dritten Person berichteten Moritat und des in der ersten Person vorgetragenen Hinrichtungsliedes; die Kabarettlieder, Chanson, Song, Couplet und Quodlibet; die an Personen gerichtete Gelegenheitsdichtung wie Festgedicht und Widmung; weitgehend die Ballade.

In Prosaform fallen zuerst besonders die didaktischen und rhetorischen Gattungen und ihre vielen Mischungen auf: Almanach, Anstandsbuch, Artikel, Essay, Fabel, Flugblatt, Plauderei, Conférence [18], Predigt, alle Arten der Rede — nicht zu vergessen die pointierten Kurzformen, die ohne den Publikumskontakt nicht vorgestellt werden können: Anekdote, Aphorismus, Rätsel, Sprichwort, Witz und natürlich der Brief und die Reportage.

Schließlich wären noch die dramatischen Gattungen – oder besser, die für das Theater gedachten Dialogformen – auf artistische Elemente hin zu untersuchen. Besonders fallen hier die dem Mimischen noch näherstehenden Gattungen, wie etwa die Commedia dell'arte und das Fastnachtsspiel, mit ihren unverhüllten Wendungen an den Zuschauer auf. Im Wiener Zaubertheater, in den Berliner Lokalpossen ebenso wie im sogenannten «epischen» Theater Bert Brechts wird der Kontakt mit dem Publikum vor allem durch die Lieder, Couplets und Songs geschaffen, die Brecht selbst einmal «Adressen an das Publikum» genannt hat. Aber auch eine Figur kann zwischen dem Bühnengeschehen und dem Publikum vermitteln. Bei Shakespeare sind es die Narren, bei Thornton Wilder *(Our Town)*

Die Auswirkung der Grundhaltungen

der Regisseur, bei Brecht *(Der Kaukasische Kreidekreis)* der Sänger, bei Nestroy gewöhnlich jeder Akteur, der ein Couplet vorträgt (zum Beispiel Schuster Knieriem in *Lumpazivagabundus).*

Wo diese Elemente fehlen, wird das Publikum häufig im Prolog und Epilog angesprochen. Darin ist eine Parallele zum Vorwort oder Nachwort zu sehen, das der Romancier an seine Leser richtet.

An einer Szene von Brecht sollen abschließend noch einmal alle vier Grundhaltungen in ihrem Ineinanderwirken gezeigt werden. Wir wählen die Szene aus dem *Kaukasischen Kreidekreis,* in der Grusche am Bach beim Wäschewaschen ihren Verlobten, Simon, der endlich aus dem Kriege heimgekehrt ist, wiedertrifft:

Grusche: Simon!

Simon: Ist das Grusche Vachnadze?

Grusche: Simon!

Simon förmlich: Gott zum Gruß und Gesundheit dem Fräulein.

Grusche steht fröhlich auf und verbeugt sich tief: Gott zum Gruß dem Herrn Soldaten. Und gottlob, daß er gesund zurück ist.

Simon: Sie haben bessere Fische gefunden als mich, so haben sie mich nicht gegessen, sagte der Schellfisch.

Grusche: Tapferkeit, sagte der Küchenjunge; Glück, sagte der Held.

Simon: Und wie steht es hier? War der Winter erträglich, der Nachbar rücksichtsvoll?

Grusche: Der Winter war ein wenig rauh, der Nachbar wie immer, Simon.

Simon: Darf man fragen: hat eine gewisse Person noch die Gewohnheit, das Bein ins Wasser zu stecken beim Wäschewaschen?

Grusche: Die Antwort ist «nein», wegen der Augen im Gesträuch.

Simon: Das Fräulein spricht von Soldaten. Hier steht ein Zahlmeister.

Grusche: Sind das nicht 20 Piaster?

Simon: Und Logis.

Grusche bekommt Tränen in die Augen: Hinter der Kaserne, unter den Dattelbäumen.

Simon: Genau dort. Ich sehe, man hat sich umgeschaut.

Grusche: Man hat.

Simon: Und man hat nicht vergessen. (Grusche schüttelt den Kopf.) So ist die Tür noch in den Angeln, wie man sagt? (Grusche sieht ihn schweigend an und schüttelt dann wieder den Kopf.) Was ist das? Ist etwas nicht in Ordnung?

Grusche: Simon Chachava, ich kann nie mehr zurück nach Nukha. Es ist etwas passiert.

Simon: Was ist passiert?

Grusche: Es ist so gekommen, daß ich einen Panzerreiter niedergeschlagen habe.

Simon: Da wird Grusche Vachnadze ihren guten Grund gehabt haben.

Grusche: Simon Chachava, ich heiße auch nicht mehr, wie ich geheißen habe.

Simon nach einer Pause: Das verstehe ich nicht.

Grusche: Wann wechseln Frauen ihren Namen, Simon? Laß es mich dir erklären. Es ist nichts zwischen uns, alles ist gleichgeblieben zwischen uns, das mußt du mir glauben.

Simon: Wie soll nichts sein zwischen uns, und doch ist es anders?

Grusche: Wie soll ich dir das erklären, so schnell und mit dem Bach dazwischen, kannst du nicht über den Steg kommen?

Simon: Vielleicht ist es nicht mehr nötig.

Grusche: Es ist sehr nötig. Komm herüber, Simon, schnell!

Simon: Will das Fräulein sagen, man ist zu spät gekommen?

(Grusche sieht ihn verzweifelt an, das Gesicht tränenüberströmt. Simon starrt vor sich hin. Er hat ein Holzstück aufgenommen und schnitzt daran.)

Der Sänger:

Soviel Worte werden gesagt, soviel Worte werden verschwiegen.

Der Soldat ist gekommen. Woher er gekommen ist, sagt er nicht.

Hört, was er dachte, nicht sagte:

Die Schlacht fing an im Morgengraun, wurde blutig am Mittag.

Der Erste fiel vor mir, der Zweite fiel hinter mir, der Dritte neben mir.

Auf den Ersten trat ich, den Zweiten ließ ich, den Dritten durchbohrte der Hauptmann.

Mein einer Bruder starb an einem Eisen, mein andrer Bruder starb an einem Rauch.

Feuer schlugen sie aus meinem Nacken, meine Hände gefroren in den Handschuhen, meine Zehen in den Strümpfen.

Gegessen habe ich Espenknospen, getrunken hab ich Ahornbrühe, geschlafen hab ich auf Steinen im Wasser.

Simon: Im Gras sehe ich eine Mütze. Ist vielleicht schon was Kleines da?

Grusche: Es ist da, Simon, wie könnt ich es verbergen, aber wolle dich nicht kümmern, meines ist es nicht.

Simon: Man sagt: wenn der Wind einmal weht, weht er durch jede Ritze. Die Frau muß nichts mehr sagen.

(Grusche senkt den Kopf und sagt nichts mehr.)

Der Sänger:

Sehnsucht hat es gegeben, gewartet worden ist nicht.

Der Eid ist gebrochen. Warum, wird nicht mitgeteilt.

Hört, was sie dachte, nicht sagte:

Die Auswirkung der Grundhaltungen

Als du kämpftest in der Schlacht, Soldat
Der blutigen Schlacht, der bitteren Schlacht
Traf ein Kind ich, das hilflos war
Hatt' es abzutun nicht das Herz.
Kümmern mußte ich mich um das, was verkommen wär
Bücken mußte ich mich nach den Brotkrumen am Boden
Zerreißen mußte ich mich für das, was nicht mein war
Das Fremde.
Einer muß der Helfer sein
Denn sein Wasser braucht der kleine Baum.
Es verläuft das Kälbchen sich, wenn der Hirte schläft
Und der Schrei bleibt ungehört.

Simon: Gib mir das Kreuz zurück, das ich dir gegeben habe. Oder besser, wirf es in den Bach.

(Er wendet sich zum Gehen.)

Grusche: Simon Chachava, geh nicht weg, es ist nicht meins, es ist nicht meins! (Sie hört die Kinder rufen.) Was ist, Kinder?

Stimmen: Hier sind Soldaten! – Sie nehmen Michel mit!

(Grusche steht entgeistert. Auf sie kommen zwei Panzerreiter, Michel führend.)

Panzerreiter: Bist du die Grusche? (Sie nickt.) Ist das dein Kind?

Grusche: Ja. (Simon geht weg.) Simon!

Panzerreiter: Wir haben den richterlichen Befehl, dieses Kind, angetroffen in deiner Obhut, in die Stadt zu bringen, da der Verdacht besteht, es ist Michel Abaschwili, der Sohn des Gouverneurs Georgi Abaschwili und seiner Frau Natella Abaschwili. Hier ist das Papier mit den Siegeln.

(Sie führen das Kind weg.)

Grusche läuft nach, rufend: Laßt es da, bitte, es ist meins!

Der Sänger:
Die Panzerreiter nehmen das Kind fort, das teure.
Die Unglückliche folgte ihnen in die Stadt, die gefährliche.
Die leibliche Mutter verlangte das Kind zurück.
Die Ziehmutter stand vor Gericht.
Wer wird den Fall entscheiden, wem wird das Kind zuerteilt?
Wer wird der Richter sein, ein guter, ein schlechter?
Die Stadt brannte. Auf dem Richterstuhl saß der Azdak.

In dieser Szene laufen, schon vor dem eigentlichen Höhepunkt in der Gerichtsverhandlung, alle Fäden zusammen: Grusche hat endlich ihren Soldaten wieder und droht ihn doch im gleichen Moment für immer zu verlieren, denn ihre Aufopferung für das Gouverneurskind hat auch jene unselige Scheinheirat mit sich gebracht, die sie ihrem Verlobten nun in der Eile nicht erklären kann, denn im gleichen Moment treffen die Häscher ein, die ihr das Kind wieder abjagen und sie darum zwingen, sich vor Simon als dessen Mutter zu bekennen. Schließlich wird im Schlußwort des Sängers eine Vordeutung auf das Richtertum des Azdak gegeben, das endlich noch alles zum guten Ende bringen wird. Letzteres aber weiß der Zuschauer noch nicht. – Das Motiv des «Zeitdruckes» [19], das hier so vordringlich wird, war bereits im ganzen Stück strukturbildend. Wie wir bereits bei Kleists Prosa sahen, hängt die Spannung der Handlung an ihm ebenso wie die einzelner Szenen. Es ist deshalb dramatisch.

Bereits im Gouverneurspalast findet der «Reiter» keine Zeit, den Gouverneur vor der Verschwörung zu warnen. – Der Hauptintrigant, der «fette Fürst» Kazbeki, verrät sich, indem er in seinem Bericht vom Regen in Nukha eine falsche Zeit angibt — aber es ist zu spät:

Der Adjutant: Man muß untersuchen.
Der Gouverneur: Ja, sofort. Morgen.

Das schlampige Verhältnis des Gouverneurs zur Zeit, das sich in dieser Antwort ausspricht, wird ihm zum Verhängnis.

Der Sänger gibt drohende Vordeutungen:

Da kehrte der Gouverneur in seinen Palast zurück
Da war die Festung eine Falle
Da war die Gans gerupft und gebraten
Da wurde die Gans nicht mehr gegessen
Da war Mittag nicht mehr die Zeit zum Essen
Da war Mittag die Zeit zum Sterben.

Später spricht er, wie der griechische Chor, ein Grundthema des Stückes aus:

O Blindheit der Großen! Sie wandeln wie Ewige
Groß auf gebeugtem Nacken, sicher
Der gemieteten Fäuste, vertrauend
Der Gewalt, die so lang schon gedauert hat.
Aber lang ist nicht ewig.
O Wechsel der Zeiten! Du Hoffnung des Volks!

Nach der Katastrophe geraten die Gouverneursfrau und ihre Dienstboten beim hastigen Packen in Zeitnot.

Der Soldat Simon hat nicht einmal genügend Zeit, an Grusche

die Schicksalsfrage zu stellen, ob sie seine Frau werden wolle, bevor
er in den Krieg muß:

Simon: ... Frage drei: Ist das Fräulein ungeduldig veranlagt? Will es
Kirschen im Winter?
Grusche: Ungeduldig nicht, aber wenn in den Krieg gegangen wird ohne
Sinn und keine Nachricht kommt, ist es schlimm.
Simon: Eine Nachricht wird kommen. (Aus dem Palast wird wieder nach
Grusche gerufen.) Zum Schluß die Hauptfrage ...
Grusche: Simon Chachava, weil ich in den dritten Hof muß und große
Eile ist, ist die Antwort schon «Ja».
Simon sehr verlegen: Man sagt: «Eile heißt der Wind, der das Baugerüst
umweht.» Aber man sagt auch: «Die Reichen haben keine Eile.» Ich
bin aus ...
Grusche: Kutsk ...
Simon: Da hat das Fräulein sich also erkundigt? Bin gesund, habe für
niemand zu sorgen, kriege 10 Piaster im Monat, als Zahlmeister 20, und
bitte herzlich um die Hand.
Grusche: Simon Chachava, es ist mir recht.
Simon nestelt sich eine dünne Kette vom Hals, an der ein Kreuzlein hängt:
Das Kreuz stammt von meiner Mutter, Grusche Vachnadze, die Kette
ist von Silber; bitte, sie zu tragen.
Grusche: Vielen Dank, Simon.

Wir ersehen aus dem obigen Zitat, wie kunstvoll der Dichter alle
Motive der Werbungsszene (das Kettchen, das Windmotiv, die Er-
wähnung des Gehaltes eines Zahlmeisters) in der Wiedersehenszene
nochmals aufnimmt. Er kann damit einmal zeigen, wie treu Grusche
ihrem Soldaten im Herzen geblieben ist, weil sie nichts vergessen
hat — und wie verbittert und enttäuscht der Soldat sein muß,
wenn er sie bittet, das Kettchen in den Bach zu werfen. Zum andern
aber haben solche Wiederholungen (ähnlich wie manche «Leit-
motive» in Thomas Manns Romanen) auch eine rührende Wirkung,
weil sie plötzlich die abgelaufene Zeit vergegenwärtigen. Wir müssen etwa, wenn Grusche nach dem Wiedertreffen wehmütig vom
«Logis hinter der Kaserne, unter den Dattelbäumen» oder von den
«Augen im Gesträuch beim Wäschewaschen» spricht, an die Zeit
denken, als diese kleinen Neckereien ihrer Liebe zum ersten Male
eine Rolle spielten — und dabei wird uns, mehr emotional als
logisch, der Ablauf der Zeit und die Veränderung der Situation zum
Erlebnis. Dieses Erlebnis, das wir in gut strukturierten Dichtungen
(besonders in allen «Rahmenstrukturen») so häufig haben, ist letzt-

lich ein musikalisch-lyrisches. So bringen viele Meisterwerke der
Musik kurz vor dem kraftvollen Schluß noch einmal die Themen
des Anfangs. Sowohl in der Dichtung als auch in der Musik empfinden wir bei solchen Wiederholungen am deutlichsten, wie sich das
Werk «rundet». Auch das rührende Warteversprechen im Volkslied-
ton ist mit dem Zeitthema verknüpft:

> Geh du ruhig in die Schlacht, Soldat
> Die blutige Schlacht, die bittere Schlacht
> Aus der nicht jeder wiederkehrt:
> Wenn du wiederkehrst, bin ich da.
> Ich werde warten auf dich unter der grünen Ulme
> Ich werde warten auf dich unter der kahlen Ulme
> Ich werde warten, bis der Letzte zurückgekehrt ist
> Und danach.
> Kommst du aus der Schlacht zurück
> Keine Stiefel stehen vor der Tür
> Ist das Kissen neben meinem leer
> Und mein Mund ist ungeküßt
> Wenn du wiederkehrst, wenn du wiederkehrst
> Wirst du sagen können: alles ist wie einst.

Schon hier fällt in den Bildern von der grünen und der kahlen
Ulme die für Brecht typische Tendenz auf, das Abstrakte (das War-
ten über die Jahresfrist hinaus) ins Konkrete zu übersetzen, indem
es wie beim Film in Einzelbilder zerlegt wird. Wir werden diese
Neigung zur Versinnlichung (Brecht: «Die Wahrheit ist konkret»)
später in der Darstellung der Schneeschmelze noch eindrucksvoller
erleben, dürfen solche Züge aber nicht mit «Naturnähe» verwech-
seln [20].

Zunächst läßt einmal die Gouverneursfrau aus Zeitnot ihr Kind
im Stich, und Grusche bekommt es von der Kinderfrau «für einen
Augenblick» zu halten. Aus diesem Augenblick werden viele Jahre:

> Der Sänger laut:
> Schrecklich ist die Verführung zur Güte!
> Lange saß sie bei dem Kinde
> Bis der Abend kam, bis die Nacht kam
> Bis die Frühdämmerung kam. Zu lange saß sie.
> Zu lange sah sie
> Das stille Atmen, die kleinen Fäuste
> Bis die Verführung zu stark wurde gegen Morgen zu

Die Auswirkung der Grundhaltungen

Und sie aufstand, sich beugte und seufzend das Kind nahm
Und es wegtrug.

Auf der Flucht durch das Gebirge spricht sie mit dem Kind:

... ich muß zurück, denn auch mein Liebster, der Soldat,
mag bald zurück sein, und soll er mich da nicht finden? Das
kannst du nicht verlangen, Michel.

Schließlich wird sie von den Soldaten gehetzt. Auch der Wechsel
der Jahreszeiten setzt sie unter Zeitdruck. Zuerst treibt sie der
Schnee in das Haus ihres schwachen Bruders und seiner ungast-
freundlichen Frau. Dann aber muß sie den Frühling fürchten, denn
mit der Schneeschmelze soll sie weiterziehen. In einfachster Weise
faßt Brecht die Zeit und zeigt ihre Relativität:

Der Sänger:
Die Schwester war zu krank.
Der feige Bruder mußte sie beherbergen.
Der Herbst ging, der Winter kam.
Der Winter war lang
Der Winter war kurz.
Die Leute durften nichts wissen
Die Ratten durften nicht beißen
Der Frühling durfte nicht kommen.

Dann kommt jene Unterredungsszene zwischen Grusche und
ihrem Bruder auf dem Dachboden, in der die verrinnende Zeit durch
ein Crescendo von immer schneller fallenden Wassertropfen kon-
kretisiert wird, die die Schneeschmelze und den Frühling bedeuten.
Sie ist eine der wirkungsvollsten des ganzen Stückes. Schließlich
versucht Grusche, sich in die Heirat zu retten, aber nun wird
auch der Zwiespalt ihrer Gefühle durch zeitliche Relationen ausgedrückt. Dreierlei zerrt an ihr:

Der Sänger:
O Verwirrung! Die Ehefrau erfährt, daß sie einen Mann hat!
Am Tag gibt es das Kind. In der Nacht gibt es den Mann.
Der Geliebte ist unterwegs Tag und Nacht.
Die Eheleute betrachten einander. Die Kammer ist eng.

Neben der Paradoxie des ersten Satzes zeigt diese Stelle wiederum die Tendenz, einen an sich abstrakten Sachverhalt, die bedrän-
gende Situation der jungen Frau, konkret darzustellen, besonders
auch im letzten Satz. Beides ist typisch für Brecht.

In einer letzten Zeitraffung, in der ihr allmähliches Vergessen Simons gezeigt wird, stellt der Sänger die Verbindung zur anfangs zitierten Szene her. Meisterhaft, daß es nach allem wiederum der Zeitdruck ist, der Grusche am Aufklären der Situation hindert und ihr so zur letzten, größten Bedrohung wird.

> Wenn sie am Bach saß, das Linnen zu waschen
> Sah sie sein Bild auf der Flut und sein Gesicht wurde blässer
> Mit gehenden Monden ...
> Mit gehenden Monden wuchs das Kind auf.

Es wurde so ausführlich zitiert, um gleichzeitig deutlich zu machen, wie eng die Zeitgestaltung mit der dramatischen Spannung verbunden ist, ja daß diese nur das Hauptmittel ist, um jene zu erzeugen.

Ebenso typisch ist das Zusammenlaufen der Handlungsfäden zur «dramatischen Koinzidenz», wie wir sie hier im gleichzeitigen Erscheinen von Simon und den Häschern erleben. Wir haben gesehen, wie Kleist solche Fügungen in seinen Novellen immer mit ähnlichen Worten ankündigt. Ohne solche Knoten- oder Drehpunkte könnte eine spannende Handlung ebensowenig auskommen wie ohne den Zeitdruck.

Schließlich muß noch die zwischenmenschliche Spannung als typisch dramatisches Element betrachtet werden, die sich zwischen Grusche und Simon in so anmutig-volkstümlichen Sprichwortzitaten entlädt. Diese metaphorische Sprache selbst aber scheint nicht eigentlich dramatisch, sondern eher lyrisch zu sein, da sie in ihrer bilderreichen Umständlichkeit die Handlung eher aufhält als vorantreibt und vor allem emotionale Assoziationen stimuliert. Lyrisch ist auch die Szene am Bach, die an alte Volksliedmotive erinnert (Zwei Königskinder). Auch die Erläuterungen des Sängers sind mehrmals stark stimmungshaltig:

> Feuer schlugen sie aus meinem Nacken ...

Sein Stil, eine Mischung aus rhapsodischem Pathos und archaischer Bibelsprache (gelegentlich an griechische Chöre, gelegentlich auch an Hölderlin erinnernd), ist häufig mehr lyrisch als dramatisch. Vor allem aber vertritt der Sänger die epische und die publikumsbezogene Grundhaltung zugleich, indem er den Zeithintergrund öffnet und ausmalt, psychologisch verdeutlicht und uns wie der allwissende Erzähler des Romans die geheimen Gedanken der Personen verrät, Vordeutungen gibt, über das Geschehende reflektiert und dabei immer wieder den Hörer direkt anspricht. Indem er zum Schluß die Handlung bis zur Gerichtsszene ergänzt, gibt er einerseits epische Erläuterungen, andererseits spannt er den Hörer auf das zu Erwartende; vor allem aber macht er sich für das Publikum zum Fragenden: Wer wird den Fall entscheiden?

VI

SCHLUSSFOLGERUNG

EINE MODIFIZIERTE GATTUNGSPOETIK [1]

Die Drei ist uns eine angenehme, fast heilige Zahl. Gern sehen wir sie in der Umwelt bestätigt; unwillkürlich überzeugt sie uns, wo wir ihr begegnen. «Antike–Mittelalter–Neuzeit», «das Leibliche–das Seelische–das Geistige», «das Lyrische–das Epische–das Dramatische», das sind solche Dreiheiten, die keiner mehr anzuzweifeln wagt, obwohl sie höchst fragwürdig sind. Ich selbst habe im vorigen Satz unwillkürlich drei Beispiele gewählt, denn «aller guten Dinge sind drei». Es wohnt der Dreizahl ein eigener, abgerundeter, befriedigender (schon wieder drei Attribute!) Rhythmus inne, der Dreitakt; und wer das nicht glaubt, möge Sätze mit zwei oder vier veranschaulichenden Beispielen bilden und sie sich laut vorlesen. Er wird fast körperlich spüren, daß er entweder nur ein Beispiel geben darf oder drei; zwei aber sind zuwenig, vier zuviel.

Häufig aber stimmt es mit diesen unwidersprochenen Dreiheiten doch nicht, man muß sie nur einmal gründlich anzweifeln. Das müssen wir – nach den Beobachtungen, die wir im vorigen Kapitel an Beispielen aller wichtigen Gattungen machten – nun allerdings in Hinsicht auf die Grundhaltungen der Poetik tun. Da Emil Staiger sich in seinem Buch *(Grundbegriffe der Poetik* [2]*)* am eingehendsten mit ihnen beschäftig hat [3], halten wir uns zuerst an ihn.

Als Gegenthese zu der seinen sei behauptet, daß sich in der Dichtung vier menschliche Grundeinstellungen spiegeln: zusätzlich zu der lyrischen, epischen und dramatischen eine weitere, die wir vorläufig in Ermanglung eines besseren Begriffes die publikumsbezogene oder «artistische» nennen. Als Zeugnis für diese Behauptung möchte ich die zuvor gemachten Beobachtungen an allen uns noch wichtigen Gattungen, besonders am literarischen Chanson [4], anführen – und Staiger selbst.

Wie ich zu zeigen versuchte, haben die Sprechsituationen des Chansonniers und Bänkelsängers ebenso wie die des Akteurs der commedia dell'arte und des Brechtstückes oder der Nestroyposse, die Grundhaltungen des witzigen Anakreontikers wie die des empfindsamen Romanciers oder des ironischen Schriftstellers etwas gemein-

sam: die Distanz vom Stoff und die Bewußtheit der eigenen Wirkung auf den Adressaten. Fälle des Verlassens der unreflektierten
(das heißt hier: nur auf den Stoff und nicht auf das Publikum
konzentrierten) Erzählhaltung zugunsten der Wendung an den Leser
in Anspielungen oder allgemeinen Reflexionen lassen sich von Wieland über Goethe, Heine bis zu Somerset Maugham oder Henry
James zeigen.

Ich habe auch an mehreren Beispielen nachgewiesen, daß der
Publikumsbezug das Werk, die Brücke zwischen Sprecher und Ange-
sprochenem, in verschiedenen Färbungen ebenso prägt wie die anderen drei Grundhaltungen. Wir können verschiedene Möglichkeiten
in den Kurzformen beobachten: etwa die agitatorische im sozialistischen Song, die didaktische in den Brechtgesängen [5], die sentimentale und kokettierende im Chanson, die humoristisch-reflektie-
rende im Wiener Couplet, die ironische in Heinegedichten; in den
epischen und dramatischen Formen verhält es sich ähnlich. Außerdem wies ich darauf hin, wie sich diese im konkreten Kunstwerk
wieder zu mannigfachen Wirkungen verbinden, wie etwa die didaktische mit der komischen zur satirischen. Anders ausgedrückt: ich
sehe die Satire als eine (die komische) Möglichkeit der Didaktik, die
Didaktik wiederum als eine (die lehrhafte) Möglichkeit der «Artistik». Es zeichnete sich also eine gewisse Hierarchie der Grundhaltungen ab [6].

Wir sahen, daß die artistische Grundhaltung nicht durch eine
Mischung der drei von Staiger beschriebenen zustande kommt, sondern neben diesen als eigene Qualität gleichberechtigt steht. Sie entspricht der Situation des Vortragskünstlers in besonderem Maß, der
seine Konzentration weitgehend vom Werk auf das Publikum verlagert, und läßt sich deshalb an den Vortragskünsten am besten
beobachten. Sie ist darum auch eng mit den mimischen Künsten verbunden, nicht aber auf diese beschränkt. In jedem Kunstwerk, das
sich an Menschen wendet und nicht in solipsistischer Monotonie er-
starrt – also auch im Roman, in der Lyrik und im Drama –, können
wenigstens Spuren der artistischen Grundhaltung gezeigt werden.

Das Chanson, auch in seiner idealen Form, entspricht deshalb
dieser vierten Haltung nicht rein, weil in ihm sich immer auch das
lyrische, epische und dramatische Element verbinden. Aber es
scheint vergleichsweise für die artistische Grundhaltung so repräsen-
tativ zu sein wie das Epos Homers für die epische.

Zusammengefaßt: während sich die epische und die lyrische Grundhaltung durch intensivere Ausrichtung auf den – in der Epik überschauend-distanziert erzählten, in der Lyrik ergriffen-mitschwingend gesungenen [7] – *Stoff* charakterisieren, die dramatische durch Spannung *im* Stoff, so wird die vierte Grundhaltung durch innere Ausrichtung auf das *Publikum* geprägt [8]. Diese Grundhaltung, mögen wir sie nun «mimisch», «gespalten», «artistisch», «publikumsbezogen» oder «sophisticated» nennen, ist ebenso komplex wie die drei von Staiger beschriebenen. Sie hat auch, verbunden mit den anderen drei Grundhaltungen, ebenso viele von ihr geprägte Formen hervorgebracht wie die anderen. Aus allen für den Vortrag konzipierten Dichtungen muß sie deshalb leicht herauszuanalysieren und von den anderen drei Grundhaltungen abzugrenzen sein.

Ich will aber auf Staigers Ausführungen selbst eingehen, um zu zeigen, daß ich mich nicht in direktem Widerspruch zu ihnen befinde. Es kommt nur darauf an, meine Anschauungen mit den seinigen zu koordinieren:

Staiger läßt schon im ersten Satz seines Buches die Möglichkeit von mehr als drei Grundbegriffen offen:

> unter ‹Grundbegriffen› der Poetik werden hier die Begriffe episch, lyrisch, dramatisch *und allenfalls tragisch und komisch* verstanden.

Nachdem er die ersten drei dargestellt hat, führt er im letzten Kapitel (S. 207 ff.) aus, wie diese aufeinander aufbauen, indem jeweils das Einfachere, Ursprünglichere das Kompliziertere ermöglicht (vgl. das Schema am Ende des Buches). Dieses letzte Kapitel nennt er «Vom Grund der poetischen Gattungsbegriffe», meint aber jetzt die Grundhaltungen. Gleichzeitig wird darauf hingewiesen, daß in allen sprachlichen Formen, die schriftlich fixiert wurden, also in unseren Gattungen, sich alle drei Elemente mischen müssen [9], wobei allerdings jeweils eines vorherrscht (S. 212). Staiger setzt nun die drei «Grundbegriffe», nachdem er sie als Grundhaltungen des Menschen zur Welt überhaupt verstanden hat, in Beziehung zur Entwicklung des Einzelmenschen und auch ganzer Völker (ich habe ähnliche Tendenzen bei anderen Theoretikern bereits im 4. Kapitel erwähnt):

> Vom Emotionalen zum Bildlichen und zum Logischen als fortschreitende Objektivierung ... Fühlen–Zeigen–Beweisen: in diesem Sinne erweitert sich der Abstand (S. 214).

Eine modifizierte Gattungspoetik

Welcher Abstand? Der des Produzierenden, bei Staiger: des Dichters, vom Objekt, das ihn erregt und bewegt, es auszudrücken. Wir merken, wie sich eine Verbindung zu unseren Beobachtungen herstellt. Dieser «Abstand» bei Staiger entspricht dem, was wir als «Distanzhaltung» beschrieben haben. Die «Distanz vom Stoff» aber wird (besonders in der Vortragssituation) durch eine neue Bindung ersetzt, die an das Publikum. Die «lyrische Ergriffenheit», die «epische Überschau», die «dramatische Spannung», sie sind alle mehr oder weniger auf den Stoff bezogen. Da jede Dichtung einen Stoff hat, werden sie niemals ganz verdrängt, wohl aber in manchen Werken beherrscht und zum Teil umgeprägt von einer neuen Qualität, dem Kontakt mit dem Hörer, der Bezogenheit auf den Aufnehmenden. Ich brauchte also Staigers Dreiheit nicht anzutasten, wenn diese sich auf die möglichen Grundeinstellungen des Dichters zu seinem Stoff bezöge – und wenn alle Dichtung nur durch dieses Verhältnis (Dichter-Stoff) determiniert würde. Nach der Auffassung der Sprechkunde ist es gerade umgekehrt: gerichtetes Sprechen (das heißt an einen vorgestellten Kreis, einen einzelnen, an Gott, im Bühnenmonolog an sich selbst – im großen oder intimen Raum etc.) ist die Regel, ungerichtetes Sprechen die Ausnahme. Da zumindest das Chanson und alle Vortragsgattungen auch in ihrer fixierten Sprachgestalt durch ihre «mimischen Bindungen» geformt werden (Wiederholungen, Parallelitätsstrukturen, Refrain, Anreden, alle Arten von Sprachgebärden sind nur aus der Sprechsituation zu erklären), kommen wir mit der alten Dreiheit nicht mehr aus, und ich schlage daher vor, zu erwägen, ob nicht die vier im Schema (Buchende) gegebenen Orientierungspunkte der Gesamtheit der dichterischen Erscheinungen eher gerecht würden. Die Bezeichnung «artistisch» entlehne ich von Staiger selbst (S. 232) als Zusammenfassung aller Möglichkeiten des Kontaktes mit dem Hörer in der Literatur.

Sollte nun der feinfühlende und erfahrene Interpret Staiger dieser «vierten Grundhaltung» nie begegnet sein, oder, wenn ja, sie nicht als eigene Qualität erfahren haben – als Qualität, die nicht nur als Mischung der von ihm beschriebenen zu erklären ist? – Tatsächlich hat er sogar mehrfach den Mangel seiner Einteilung gefühlt und ausgesprochen, ja wiederholt die vierte Haltung treffend beschrieben:

a) Indem Staiger – wie anfangs erwähnt – «allenfalls tragisch und komisch» als Grundbegriffe der Poetik neben den von ihm beschriebenen zuläßt, hat er zugegeben, daß es noch andere neben den seinen geben kann, zum andern aber Qualitäten benannt, die – im Unterschied zu den drei ersten – sowohl aus dem Verhältnis des Dichters zum Stoff als auch zum Publikum verstanden und geprägt werden. Besonders wird uns das an der Komik klar. Sie ist überhaupt nur in Hinsicht auf ein verstehendes, reagierendes Publikum sinnvoll und wird von diesem, seinem Niveau und seiner Erfahrungswelt, geformt. Für die Tragik gilt das gleiche. Beide «Grundbegriffe» charakterisiert ebenso wie das «Artistische» überhaupt die Wirkung nach zwei Richtungen (Stoff und Publikum). Die empirische Häufigkeit und Beliebtheit komischer und sentimentaler Wirkungen in allen mimischen (= kontaktsuchenden) Künsten weist auf deren Nähe zum artistischen Element hin. Man denke etwa an die «Tragik» (= Sentimentalität, weil reflektiert, das heißt artistisch überformt) des Harlekin und an die vielen Couplet-Kehrreime, deren Wirkung auf der psychologischen Technik des Witzes beruht!

Das Schema [10], in dem die drei von Staiger beschriebenen Grundbegriffe zusammen mit dem vierten zwischen extremen Polen so angeordnet sind, daß man die Bedingtheit des Komplizierteren durch das Einfachere erkennt, soll verdeutlichen, daß auch die Begriffe lyrisch, episch und dramatisch nicht auf einer – und der Begriff artistisch auf einer anderen – Ebene liegen. (Wir empfinden die Zusammengehörigkeit der drei bekannten Grundbegriffe nur so stark, «auf einer Ebene», weil wir uns daran gewöhnt haben. Staiger selbst – orientiert an Cassirers Sprachphilosophie – löst sie auf, indem er seine Begriffe übereinander anordnet und nicht nebeneinander.) Ich bin der Ansicht, daß die artistische Grundhaltung im gleichen Sinn über der dramatischen steht wie diese über der epischen und die epische über der lyrischen. Nicht wertend wird hier geordnet, sondern nur nach den oben besprochenen Gesichtspunkten.

b) Staiger (S. 211):

Das Lyrische ist also der letzte erreichbare Grund alles Dichterischen, das ‹sunder warumbe›, die Fülle der Tiefe, aus der es entspringt, um aufzusteigen zur Höhe der dramatischen Poesie, *über die hinaus es nicht weitergeht, es sei denn in die Grenzsituationen des Tragischen oder des Komischen, in denen der Mensch sich selbst, als sinnliches oder als geistiges Wesen zerstört.*

Eine modifizierte Gattungspoetik

Ist damit nicht unbewußt das ausgesagt, was hier verfochten wird: das Lyrische und das Artistische als Extremsituationen; vom Lyrischen zum Artistischen eine stetige Zunahme der Bewußtheit, ja Gespaltenheit? Nur dem letzten Nebensatz kann ich nicht zustimmen, denn «zerstören» wird sich der artistische Künstler nicht. Er findet in den beiden weniger extremen Elementen (im epischen und dramatischen) ebenso einen Halt wie der extreme Lyriker. Ihn – das Bild sei wegen seiner psychologischen Deutungskraft hier gestattet – bewahrt dieser Halt vor dem «hysterischen Explodieren», den Lyriker (wie Staiger gut beschreibt) vor dem «weichen Zerfließen», dem «trunkenen Stammeln».

c) Staiger (S. 219):

> Der Übergang vom Fließenden zum Starren könnte auch, statt mit drei, mit vier oder mehr Namen bezeichnet werden. Und sehr wohl wäre es denkbar, daß ein Schwede, ein Russe, ein Spanier, ein Türke, *der von anderen Erfahrungen ausgeht,* dasselbe Ganze anders abteilt.

Auch ich gehe teilweise von anderen Erfahrungen aus, nämlich denen mit den Vortragsgattungen und den mimischen Künsten.

d) Schließlich (S. 230) kommt Staiger offen auf die Schwierigkeiten zu sprechen, die ein ganzer Zweig der Dichtung (den er zu Recht besonders im romanischen Sprachbereich verbreitet sieht) ihm bei der Einordnung in sein System bereitet; er zeigt es an Horaz:

> Horaz spielt auf Alkaios, Sappho, Anakreon, Asklepiades an. Er spielt auf die Griechen auch an in seinem Satzbau und in seinen Motiven, *und der Reiz seiner Poesie besteht weithin in der artistischen Freiheit* und souveränen Kraft, fremde Gebärden und Töne wiederzugeben und sich, *seelisch unbeteiligt,* in einer Kunstwelt zu bewegen ... Das Beispiel aber steht für ganze Bereiche einer Poesie, die der deutsche, an Goethe gebildete Literarhistoriker leicht übersieht oder, wenn er sie sieht, nicht zu schätzen weiß, die im weltliterarischen Rahmen jedoch, zumal bei den romanischen Völkern einen so hohen Rang einnimmt und geschichtlich soviel bedeutet, daß jeder, der sie mißachtet, nur die engen Grenzen seiner Bildung, seiner literarischen Einsicht verrät. Und ist diese Dichtung denn immer so klar von einer ‹ursprünglichen› geschieden? Ich brauche nur Mörike oder Goethes ‹Westöstlichen Divan› zu nennen, um in Erinnerung zu rufen, wie oft, sogar in der Goethezeit, der Anklang, *artistisches Spiel,* am Wesen und Wert einer Dichtung beteiligt ist. Solche Züge zu erfassen, ist die Fundamentalpoetik kein geeignetes Instrument. (S. 231 f.)

Die Fundamentalpoetik brauchte auch vor diesem Bereich der Literaturwissenschaft nicht zu verzagen, wenn es ihr nicht an der entscheidenden Kategorie gefehlt hätte, aus der sich das Verständnis aller von Staiger so gut beschriebenen Merkmale gewinnen läßt. Welche Rolle die Anspielung etwa bei dem späten Thomas Mann oder auch bei Günter Grass spielt, ist bekannt.

Nachdem Staiger viel Kritik an seinem Buch erfahren hatte [11], erörterte er in einem Nachwort nochmals die Frage nach der «welthistorischen Weite» [12] seines Systems und weist selbst auf seine Gebundenheit an eine bestimmte Tradition hin. Er erwähnt nochmals die romanischen Literaturen und dann wiederum Mörike:

> *Kostüm, Maske, Pose, eine subtile stilistische Schauspielerei* ist sicher fast bei jedem Wort beteiligt, das Mörike niedergeschrieben. Nur ahnungslose Pedanterie vermochte dergleichen unecht zu schelten. Beglückendste Wunder der Sprache haben wir solcher Schauspielerei zu verdanken ... Hier scheinen mir die Grenzen meiner Poetik viel deutlicher sichtbar zu sein als dort, wo man sie meist mit großem Eifer festzustellen sucht. (S. 252 f.)

Alles Notwendige können wir aus Staigers Ausführungen selbst herauslesen, sogar, warum er und andere Interpreten bisher noch nicht dazu kamen, eine vierte Grundhaltung aufzuweisen: weil die seriöse Literaturwissenschaft, «an Goethe gebildet», die mimischen Künste nicht mit eigenen Kriterien maß, weil es erst seit 1901 in Deutschland das literarische Chanson (als bestes Studienobjekt der artistischen Grundhaltung) gibt und erst seit etwa fünfzig Jahren eine Theaterwissenschaft; weil erst in unserer Zeit die Literaturwissenschaft mit der Psychologie (besonders in der Sprechkunde) zusammenarbeitet und ihre steife Ausrichtung auf «hohe» [13] und «klassische» Literatur mit einem vorurteilsfreien Blick auf die Gesamtheit der literarischen Erscheinungen vertauscht hat.

Wie dankbar wir Staiger für seine erhellende Besinnung auf das Wesen des Lyrischen, Epischen und Dramatischen sind, so scheint es mir nun an der Zeit zu sein, daß endlich das Artistische im Kunstwerk gesehen und gezeigt wird. Für weite und interessante Bereiche der Literatur werden wir durch diese Kategorie erst den richtigen Blick bekommen.

Aber auch ganz unabhängig von Staigers Untersuchungen kann ich nun zeigen oder zumindest andeuten, wie stark einige Faktoren der Sprechhaltungen der Dichter beeinflussen: Von größter Wichtigkeit scheint einmal die Art der Bindung des Dichters (oder Sprechers) an Stoff und Publikum zu sein. Diese ist es doch vor allem, die die menschlichen und zugleich dichterischen Grundhaltungen lyrisch—episch—dramatisch—artistisch bestimmt.

Der lyrisch ergriffene Mensch hat wohl am wenigsten Abstand von sich selbst und seinem Erleben. Befangen im Emotionalen, wird er den sinnlichen Ausdruck suchen, um seinen Gefühlen Sprache zu geben. Der extreme Fall wäre deshalb das trunkene Stammeln, in dem die Silbe durch ihren Klang das irrationale Erlebnis ausdrücken oder wieder heraufbeschwören soll. Da der Gegenstand seines Dichtens er selbst und sein Erleben ist, gibt es hier kaum einen Subjekt-Objekt-Abstand.

Sobald der Dichter von seinem Stoff abrückt und ihn beobachtend und schildernd ins Auge faßt, also auch, sobald im lyrischen Gedicht etwas *dargestellt* wird, verfällt er in die Haltung, die wir als episch bezeichnen [14]. Das «Gegenüber einer Perspektive», wie es Staiger nennt, wird nach dem anschaulichen Ausdruck suchen. Das treffende und ausmalende Wort gewinnt hier erst seine volle Bedeutung. Am reinsten ist diese Haltung wohl in der ausmalenden Distanz unserer großen Epen und Romane mit ihrer Liebe zum Detail ausgeprägt; aber, insofern es in diesen natürlich auch lyrische, dramatische und publikumsbezogene Elemente gibt, nicht allein. Die Werke des Epikers sind komplizierter und reflektierter als die des Lyrikers, weil sie nicht nur vom Dichter selbst sprechen, sondern einen weiteren Horizont haben. In vielen Romanen verschwindet die Person des Dichters fast völlig hinter seinen Figuren. Häufig aber bleibt sie belehrend, reflektierend oder kokettierend mit dem Publikum in Kontakt, worin wir ein artistisches Element sehen. Sowie das eigentlich lyrische Element das Emotionale ist, empfinden wir als episch das Bildliche.

Nun ist es mit dem Schildern und Zeigen dieser Welt im Roman nicht getan. Er benötigt eine Handlung und damit etwas Rationales. Eine Handlung kann sich aber darauf beschränken, Stationen aneinander zu reihen, wobei die Schilderung noch immer das Wesentliche bleibt. •

Sobald die Handlung aber logischen Gesetzen unterliegt, sich kompliziert und mit Spannung [15] auflädt, wie etwa im Kriminalroman, haben wir eigentlich schon den Übergang zum Dramatischen vollzogen. Dieses hat einen wesentlich abstrakteren Charakter als das Epische oder gar das Lyrische. Auch zeigt sich hier die Persönlichkeit des Dichters am wenigsten. Autobiographische Dramen gibt es wesentlich seltener als autobiographische Romane. Hier liegt der Schwerpunkt auf einer nach logischen Gesetzen durchgeführten Handlung. Spannung kann sich nur entwickeln, wenn sie klar durchgeführt ist. Für die Detailschilderung bleibt kein Raum. Jede Einzelheit hat zum Ablauf des Ganzen beizutragen. Das Ganze aber ist, wie wir später zeigen werden, noch von anderen, publikums-psychologischen Gesetzen abhängig.

Der dramatische Dichter geht mehr als die beiden ersten im Stoff auf, und er hat gleichzeitig mehr als die beiden anderen dem Publikum Rechnung zu tragen [16]. Wenn nun das Interesse des Dichters am Stoff dem am Publikum untergeordnet wird, wenn nur noch in Hinsicht auf ein bestimmtes Publikum gedichtet wird, dann tritt die vierte und bisher in der Wissenschaft am wenigsten beachtete Möglichkeit ein, die artistische. In ihr fassen wir alle Arten des Publikumskontaktes zusammen, die ein Dichter oder Sprecher nutzen kann. Und das sind viele.

Auch für diese Grundhaltung ist typisch, daß sie sich immer mit den anderen zusammen auswirkt. Das Chanson etwa ist auch dramatisch, insofern es eine Handlung mit Spannung hat – lyrisch, insofern es Gefühle oder Stimmungen malt – und episch, soweit es Wirklichkeit schildert. Das gleiche gilt zum Beispiel für die Ballade und alle erzählenden Gedichte. Sobald sich aber in einem Sprachkunstwerk der Dichter seiner Wirkung auf seine Hörer oder Leser bewußt wird, sobald irgendwo – wenn auch in verstecktester Form – auf ein Publikum Bezug genommen wird, dürfen wir vom «artistischen Element» sprechen.

Es überformt die anderen Elemente besonders häufig in der für den Vortrag verfaßten Literatur. Dies rückt es in die Nähe der mimischen Künste. Und weil der Dichter sein Interesse und seine Konzentration so sehr vom Stoff auf das Publikum übertrug, hat Vortragsdichtung (wie das Chanson) häufig wenig sprachlichen Wert. Sie erfüllt sich erst im Vortrag mit Mimik (und oft Musik) ganz. Dort aber (in der Schallform) kann sie Wirkungen haben, die die des reinen Sprachkunstwerkes weit übertreffen.

Wenn im Dramatischen der gut formulierte Satz ein wesentliches Moment war, scheint es hier die Gebärde zu sein. Der Subjekt-Objekt-Bezug wird hier durch den des Dichters zum Publikum ersetzt.

Vor dem Emotionalen, dem Bildlichen, dem Logischen dominiert
hier das Reflektierte. Der lyrische Mensch ist im Extrem der um-
weltvergessene Stammler, der epische ist der Erzähler par excellence,
der dramatisch empfindende muß alles in Aktion umsetzen, der artistische Mensch setzt sich fortwährend in Szene, er tut alles (wenn
auch in subtilster Form) in Hinsicht auf ein Publikum.

Wir beobachten vom Lyrischen zum Artistischen eine Entwicklung
vom Einfachen zum Komplizierten, vom Naiven zum Reflektierten,
vom Absichtslosen zum Zweckhaften, vom Fühlen über das Zeigen
und Vorleben zum Einwirken.

Wir können also die vier großen Bereiche der Dichtung (Lyrik,
Epik, Dramatik und Artistik) von der jeweiligen Sprechhaltung ableiten, die im Verhältnis Dichter—Stoff—Publikum begründet liegt.

Eng verbunden mit dem Moment des Kontaktes zu Stoff und
Publikum ist das des Umfanges einer Dichtung. Es mag zuerst lächerlich erscheinen, daß die Grundhaltungen sich auch auf den Umfang der Gattungen auswirken sollen. Aber bei näherem Zusehen
kann es leicht eingesehen werden.

Die lyrische Grundhaltung kann nicht lange durchgehalten werden; aus begreiflichen Gründen: Es gelingt weder dem Produzierenden (Dichter oder Vortragenden) noch dem Aufnehmenden (Leser
oder Hörer) lange, die lyrische Ergriffenheit rein in sich zu erhalten.
Die Seele will gleichsam Atem holen, man läßt sich ablenken, oder
die Stimmung schlägt gar, wie bei Heine, in Ironie und Parodie um.
Wer mehrmals versucht hat, lange Zeit innig zu beten (etwa als
Katholik den Rosenkranz), weiß, wie schwer es ist, Konzentration
und Intensität des Gefühls zu erhalten. Die lyrische Form, etwa im
lyrischen Lied, neigt deshalb zur Kürze oder bildet relativ kurze
Inseln in längeren literarischen Formen, wie manche lyrischen Mo-
nologe und Naturschilderungen in Drama, Epos und Roman.

Für die epische Grundhaltung und ihre Ausformungen in Epos
und Roman aber gelten andere Gesetze. Der Dichter sowie der Leser
haben hier mehr Abstand vom Stoff. Sie gehen nicht so in ihm auf
wie der lyrisch Ergriffene. Darum erleben sie ihn emotional weit
entspannter, in einer Verfassung, die sich lange durchhalten läßt.

Der Epiker muß das Interesse der Leser durch Mannigfaltigkeit
der Szenerie und Figuren erhalten. Deshalb ist in den großen Epen
und Romanen eine ganze Welt dargestellt: bei Homer die der Griechen und ihrer Götter um 1000 v. Chr., in Wolframs *Parzival* die

des höfischen Mittelalters und geistlichen Rittertums, bei Grimmelshausen die des Dreißigjährigen Krieges, bei Balzac die des nachrevolutionären Frankreichs, bei Dostojewskij die des napoleonischen Rußlands, bei Proust die Frankreichs, bei Joyce die Irlands und bei Thomas Mann die Deutschlands im vorigen und in unserem Jahrhundert. Es muß immer daran erinnert werden, daß jedes Kunstwerk in Wirklichkeit alle Grundhaltungen in sich vereint, nur in jeweils verschiedenem Anteil. Aber wir können leicht beobachten, daß im allgemeinen *die* Gedichte mehr zur Länge neigen, die dem Epischen nahestehen. Kaum eine Ballade ist so kurz wie ein Lied von Goethe, Eichendorff oder Mörike. Stark lyrische Balladen wie etwa die naturmagischen von Goethe (Erlkönig, Fischer) sind wesentlich kürzer als etwa die historischen von Fontane und Strachwitz.

Weil der Epiker in seinen umfangreichen Werken Mannigfaltigkeit bieten muß, wird er dramatischen und lyrischen Elementen weitgehend Raum gewähren, ja er wird sogar gelegentlich den Rahmen der Erzählung verlassen und sich direkt an den Leser wenden, ihn um Verständnis, Mitgefühl oder Wohlwollen bittend (ein artistisches Element).

Am stärksten begrenzt im Umfang sind der Kriminalroman und noch mehr die Novelle, die weitgehend den Strukturgesetzen des Dramas unterworfen sind, die wir nun erläutern.

Der Dramatiker untersteht strengeren Formgesetzen als der Epiker. Sie erstrecken sich auch auf den Umfang seiner Werke; jedoch aus anderen Gründen als bei dem Lyriker. Da seine Stücke, von einigen Ausnahmen abgesehen, vor allem für die Aufführung im Theater geschrieben werden, müssen sie sich nach einfachen psychologischen Regeln richten, die für die Aufnahmefähigkeit einer Menschengruppe gelten. Während Lyrik und Epik noch auf die ungewöhnliche Sensibilität begabter einzelner zielen dürfen, muß der Dramatiker immer mit der beschränkten Begabung der Gruppe rechnen, in der das Mittelmaß dominiert. Die Regeln lassen sich grob zusammenfassen:

Man kann von einem heutigen Publikum nicht länger als drei Stunden Konzentration erwarten. Danach ermüdet es. Die griechischen Dramen und die mittelalterlichen Passionsspiele, die sich gelegentlich über drei Tage erstreckten, hatten mehr den weniger konzentrierten Charakter eines Volksspektakels oder einer Prozession in mehreren Stationen.

Eine modifizierte Gattungspoetik

Man darf – auch für drei Stunden – ein Publikum nicht langweilen, ohne daß man seinen Unwillen zu spüren bekommt. Das beste Mittel, um es bei Interesse zu halten, ist Spannung in der Handlung.

Eine Grundbedingung für Spannung ist Verständlichkeit der Handlung und Personen, mit denen sich das Publikum teilweise identifizieren muß.

Zugunsten der Verständlichkeit sowohl als der Zeitdauer muß *ein* Handlungsstrang klar durchgeführt, alles Überflüssige und Verwirrende weggelassen und atmosphärisches oder anderes Detail dem Hauptgeschehen untergeordnet werden.

Da ein unvollendetes Geschehen und ungelöste Fragen den Zuschauer im allgemeinen unbefriedigt lassen, muß die Handlung in der Zeitspanne des Theaterabends zu Ende gebracht werden. Das zwingt wiederum zu ihrer Konzentration.

Diese einfachen Voraussetzungen haben viele Folgen, die in Dramaturgie-Lehrbüchern nachzulesen sind. Mit der Phantasie allein und ohne die formale Intelligenz scheint es in den dramatischen Gattungen noch weniger als in den lyrischen und epischen zu gehen. Faust II ist für die Bühne nach wie vor ein Unikum und wohl noch nie ungekürzt und unverändert an einem Abend gespielt worden. Brechts «episches» Theater hingegen hat genügend dramatische Mittel (Spannung, Identifizierung) beibehalten, um den Zuschauer nicht zu langweilen. Die vielen «artistischen» Elemente im Theater haben immer besonders dazu beigetragen, das Interesse des Publikums zu halten. Eines der ältesten Mittel dieser Art ist das sogenannte «apart»-Sprechen. In Wirklichkeit spricht ja der Akteur weniger zu sich selbst als zum Publikum, das er an seinen Gedanken teilnehmen lassen will. Aus der Wiener Singspieltradition entwickelte sich das aktuelle Couplet, das ebenfalls immer an der Rampe zum Publikum hin gesungen vorgestellt werden muß. Brecht schließlich nannte seine Songs einmal selbst «Adressen an das Publikum», und er entwickelte neben diesen noch viele andere Mittel des direkten (belehrenden) Kontaktes: den Sänger, Transparente, Spruchbänder, Wendung der Akteure an das Publikum etc.

Sobald der Leser eines Romans, wie bei der Detektivgeschichte, nicht mehr so sehr an der epischen Ausmalung der Details interessiert ist – sondern am Fortgang der Handlung und vor allem am Schluß, der im Kriminalroman den Täter enthüllt –, wird er nicht mehr den Umfang der Josefsromane (Th. Mann) tolerieren, sondern ungeduldig auf einen Abschluß dringen, der die Spannung löst. Deshalb sind Kriminalromane meist kürzer als «epische» Romane.

Man hat schon immer empfunden, daß die Ballade (Goethes Urei-Theorie) und die Novelle dramatische Elemente aufweisen. Sie haben – anders als die übrigen Gattungen – mit dem Drama und der Anekdote eines gemeinsam: Sie konzentrieren die Handlung um *einen* Gipfel. Was ist der dramatische Konflikt anderes als das «unerhörte Ereignis» (Goethe) der Novelle oder der Ballade oder der Anekdote? Was ist der die Handlung auslösende Mord des Kriminalromans anderes? Nur die Ausgestaltung in verschiedenem Umfang macht hier den Unterschied. Auch die bekannte Tatsache, daß Kriminalromane sich so besonders gut zur Dramatisierung und Verfilmung eignen, weist auf die Verwandtschaft der Gattungstypen durch ihre Grundhaltung hin.

Die vorwiegend artistisch überformten Gattungen wie Chanson, Song, Couplet oder Bänkelsang scheinen auf den ersten Blick von ähnlichen Gegebenheiten bedingt wie die dramatischen, nämlich von denen des Publikums. Allein, diese Ähnlichkeit besteht nur darin, daß beide dafür konzipiert werden, sich vor einem Publikum zu ereignen.

Während aber die dramatischen Gattungen *vor* einem Publikum dargeboten werden, als wäre dieses gar nicht vorhanden, werden die artistischen *zum* Publikum dargeboten, das heißt, sie nehmen dieses zur Kenntnis, sprechen es an und werden viel weitgehender als irgendeine andere Gattung von ihm beeinflußt. Wo also im Drama das Publikum angesprochen oder in das Spiel einbezogen wird, müssen wir darum von artistischen Elementen sprechen (keinesfalls von epischen, wie es bei Brecht oft irrtümlich geschieht), um die Grenzen nicht zu verwischen. (Die Funktion des Sängers bei Brecht ist zum Beispiel oft gleichzeitig artistisch und episch, weil einerseits das Publikum angesprochen und didaktisch aktiviert, andererseits aber der soziologisch-historische Hintergrund durch ihn in epischer Weise ausgefüllt wird.)

Peter Szondi definiert in seinem ausgezeichneten Büchlein über die Theorie des modernen Dramas ganz richtig:

> Das Drama ist absolut ... Der Dramatiker ist im Drama abwesend ... Sowenig die dramatische Replik Aussage des Autors ist, sowenig ist sie Anrede an den Zuschauer. (S. 13)

Eine modifizierte Gattungspoetik

Bei den artistischen Gattungen haben wir gerade das Gegenteil: sie sind keineswegs absolut, sondern ständig auf den Zuschauer bezogen. Der artistische Künstler ist immer ganz da, und seine Aussagen werden wirklich als die seinen empfunden. Sie werden definiert als «Anrede an den Zuschauer».

Wenn Szondi das Drama als «zwischenmenschliche Dialektik, die im Dialog Sprache wird» (S. 16) definiert und an anderer Stelle als «die Dichtungsform des je gegenwärtigen zwischenmenschlichen Geschehens» (S. 62), so müssen wir uns folgenden Unterschied klarmachen: im Drama ist nur das zwischenmenschliche Geschehen auf der Bühne gemeint. Bei den artistischen Gattungen handelt es sich um eine Dialektik «über die Rampe». Da das Publikum aber meistens nicht (sichtbar) antwortet und mithandelt, kann von Dialog und zwischenmenschlichem Geschehen nicht die Rede sein. Sie werden häufig vorgetäuscht, in Wirklichkeit tendiert aber die artistische Grundhaltung zu solistischen Gattungen [17].

Wenn wir uns klarmachen, daß der rein dramatische Typ das Publikum äußerlich völlig ignoriert und, wie der Roman, eine in sich geschlossene Welt darbietet, wird uns augenfällig, daß Brechts Stücke mindestens ebenso viele artistische Elemente aufweisen wie epische [18] und daß die epische Grundhaltung vergleichsweise von Hauptmanns *Die Weber* reiner verwirklicht wird. (Die Revueform, die Darstellung vor einem Fremden, Berichte und Beschreibungen, das immer wieder Neueinsetzen der Handlung nach jedem Aktschluß, die Einführung neuer Personen in jedem Akt, der Zeitsprung im letzten Akt, die soziologische Motivierung des Aufstandes, der stellvertretende Charakter der Personen für das Kollektiv, das Fehlen von zentralen Personen, schließlich die Verlegung der eigentlich dramatischen Handlung in die Zwischenakte – all das sind epische Züge dieses Dramas.) Käte Hamburger rechnet die dramatischen Gattungen zur Gruppe der fiktionalen oder mimetischen Dichtung. Die Artistik würde sie nicht dazu rechnen, weil hier die «reale Ich-Origo» des Vortragenden und die «Bezogenheit auf den Erzähler oder Leser» vorherrschen und die Dichtung weder durch das «epische Praeteritum» noch durch die trennende Funktion der Rampe von der Realität des «historischen Erzählers» gelöst wird.

Während der Umfang lyrischer Typen davon abhängt, wie lange Dichter, Sprecher und Hörer (Leser) eine emotionale Ergriffenheit festhalten können – der Umfang epischer Typen davon, wie lange man vor einem Theaterpublikum eine Handlung abrollen lassen kann –, kommt es bei den artistischen Gattungen darauf an, wie lange man ein Publikum persönlich ansprechen, wie lange man auf es einreden, einsingen kann, ohne daß es unruhig wird. Hier scheint wiederum, ähnlich wie bei der Lyrik, die Regel zu gelten: je kürzer und konzentrierter, desto besser. Wir erfahren häufig, wie quälend zu lange Reden sein können. Das gilt auch für Predigten, die auch zu den publikumsbezogenen Formen gehören [19]. Es erfordert weit mehr Konzentration, einem Menschen zuzuhören und jeden seiner Gedanken mitzuvollziehen, als einen Roman zu lesen. Aber selbst im Roman lesen wir kaum länger als drei Stunden. Dann unterbrechen wir. Der Epiker als einziger braucht in dieser Zeit seine Handlung und sein Anliegen nicht abzuschließen. Solange er noch über interessante Details verfügt, kann er beinahe beliebig lange fortfahren.

Tatsächlich sind die artistisch-mimischen Formen nie länger als ein durchschnittliches Drama. Wir nennen einige, in denen natürlich jeweils auch die anderen drei Elemente zu erkennen sind: die römischen Attellanen, die Tiroler Perchtenläufe, die Fastnachtsspiele, der Bänkelsang, das Volkscouplet, publikumsbezogene Einlagen in Singspiel, Operette, Wiener Zaubertheater, Brecht-Stück, das literarische Chanson und der Song.

Noch ein anderer Unterschied zwischen den artistischen und dramatischen Gattungen fällt sofort auf: Während bei den letzteren die Spannung auf *einen* Höhepunkt, meist kurz vor dem Schluß, angelegt ist, scheint sie sich bei den artistischen Gattungen mehrmals zu entladen und immer wieder neu aufzuladen. Wir erleben das im täglichen Leben, wenn einer «Witze am laufenden Band» erzählt. In den stark mimischen Attellanen, Farcen, Komödien und Possen scheint dem einzelnen Gag mehr Gewicht gegeben zu werden als einem Höhepunkt am Ende. Die Komödie lebt von der Situationskomik und – auf höherer Ebene – von vielen Bonmots, brillanten Einfällen – weniger von der Logik der Handlung. Konsequent wird dieses Prinzip der verteilten Höhepunkte in der Revue angewandt, deren Sketche und Solonummern nur noch durch den «roten Faden», einen Slogan oder ein Leitthema, zusammengehalten werden. Selbst die kurzen Fastnachtsspiele, die umherziehende Burschen zuerst noch vor einzelnen Häusern aufführten, wie unsere Martinstag-Sänger um Gaben bittend, haben diesen Sketch-

Charakter. Auch bei Sachs noch ist es nicht die spannende Handlung, die seine Spiele interessant macht, sondern die komische Situation (Kälberbrüten, Prügelszenen etc.). Sogar bei den Kleinformen der artistischen Grundhaltung erkennen wir dieses Strukturmerkmal. Während die «dramatische» Schicksalsballade von Schiller immer auf einen Punkt hin gespannt ist, finden wir beim Chanson, Song und Couplet die Pointe in der Regel am Ende jeder Strophe, häufig im Refrain. Der Zuhörer wartet, nachdem er in der ersten Strophe mit dem Refrain bekannt gemacht worden ist, mit Spannung darauf, wie der Dichter jedesmal die gedanklich pointierte Vorstrophe auf witzige Weise mit der Aussage des Refrains verbinden wird. Im mehr rhythmisch-melodiösen Refrain dann entspannt er sich genußvoll, mitschwingend, da er ihn schon kennt. Dieses Prinzip von Spannung und Entspannung scheint den rhythmischen Bedürfnissen des Publikums Rechnung zu tragen – und seiner Unfähigkeit, sich lange zu konzentrieren.

Hier breche ich ab; denn die eben gebotenen Reflexionen wollen nur als Anregungen zum Weiterdenken genommen werden. Auf diesem Gebiet wird noch viel beobachtet und systematisch untersucht werden. Es kam darauf an, zu zeigen, daß das Konstante der literarischen Gattungen nicht in einzelnen Struktureigenheiten zu suchen ist, sondern in den Grundhaltungen, aus denen diese erst – und nur – erklärt werden können. Bisher hat man die literarischen Gattungen meistens als etwas Letztes, historisch Entwickeltes und nicht Erklärbares hingenommen.

Das Letzte sind aber nicht jene wechselnden Kombinationen von Einzelzügen, die wir Gattung oder Typ nennen, sondern die Sprechhaltungen oder Grundhaltungen, die sie erst entwickeln, um sich ihrer zu bedienen.

Ich konnte das hier nur fragmentarisch zeigen, indem ich die vier Grundhaltungen (lyrisch – episch – dramatisch – artistisch) aus dem verschiedenartigen Kontakt des Produzierenden zu Stoff und Publikum ableitete, der einen Teil seiner Sprechhaltung ausmacht. Weiter deutete ich an, wie die besondere Art dieser Grundhaltungen unter anderem auch den Umfang der Gattungen bedingt, die von ihnen dominiert werden. Aus dem Umfang ergaben sich wiederum andere strukturelle Merkmale, die sich in Komplexen anbieten, aber durchaus nicht immer alle verwirklicht werden müssen.

Poetische Reflexionen sind gefährlich. Den immer neuen Kunstwerken gegenüber geraten sie oft schief, besonders wenn versucht
wird, «Grundhaltungen» festzustellen, in denen der ganze Strom
einmaliger Erscheinungen aufgefangen werden soll. Und doch sind
sie nicht nur reizvoll, sondern auch notwendig! Wir brauchen Kategorien zum Erkennen und Erklären ästhetischer Wirkungen. Und
es ist nicht so tragisch, wenn sie nicht ewig ausreichen und gelegentlich erweitert werden müssen, um neuen Erscheinungen gerecht zu werden.

Meine Beobachtungen mögen im einzelnen durch gründlichere
Untersuchungen korrigiert und (sicherlich) vervollkommnet werden.
– Wenn sie aber nicht in der Wurzel falsch sind [20], berechtigen sie
schon jetzt zu der Aussage, daß es tatsächlich für die literarischen
Gattungen etwas wie ein a priori gibt. Wir haben es in den Sprech-
oder Grundhaltungen zu erblicken.

SCHEMA EINER ERWEITERUNG DES STAIGERSCHEN BEGRIFFSSYSTEMS

(Was m. E. zu weit führt, wurde eingeklammert; meine eigenen Zusätze wurden kursiv gedruckt. Die Pfeile bedeuten fließende Übergänge zwischen den Grundtendenzen.)

LYRISCH	EPISCH	DRAMATISCH	ARTISTISCH
fühlen	zeigen	(beweisen) *vorleben*	*einwirken*
sinnlicher Ausdruck	anschaulicher Ausdruck	begriffliches Denken	*mimisches Kontakt-nehmen*
Silbe	Wort	Satz	*Gebärde*
kein Subjekt-Objekt-Abstand	das Gegenüber einer Perspektive	(absolut, abgelöst, schlechthin gültig)	*Subjekt-Objekt-Abstand* / *Publikumsbezug*
Das Emotionale	Das Bildliche	(Das Logische)	*Das Reflektierte*
einfach ←			→ *kompliziert*
emotionaler Ausdruck ←		→ (logischer Ausdruck) ←	→ *extrovertierter A.*
Objektkontakt ←			→ *Publikumskontakt*
naiv ←			→ *reflektiert*
das innig, unbeweisbar-verständliche ←		→ (abstrakter Charakter) ←	→ *gebrochener Charakter* / *sophisticated*

SCHEMA DER POETISCHEN EINTEILUNGSKATEGORIEN MIT BEISPIELEN

Grundhaltungen	die lyrische	epische	dramatische	artistische oder publikumsbezogene
Grundelemente	das Lyrische	Epische	Dramatische	Artistische
Grundbegriffe	Lyrik	Epik	Dramatik	Artistik
eingegrenzte Grundbegriffe	z. B. Gedankenlyrik	z. B. Versepik	z. B. tragische D.	didaktische A.
weiter eingegrenzte Grundbegriffe	z. B. didaktische G.	z. B. Abenteuer-V.	–	sozialrevolutionäre A.
formale Sammelbegriffe	Gedicht	–	Theaterstück	z. B. Gesang/Vortragsstück/Chanson
Gattungen	z. B. Spruch	z. B. Epos	z. B. Drama	z. B. «Song» (Kabarett-S.)
Arten	z. B. Epigramm	z. B. höfisches E.	z. B. Tragödie	z. B. «roter» Song
Typen	z. B. martial. Xenie	z. B. Artus-Epos	z. B. Bauern-Tragödie	z. B. Brecht-Song

(Die mit «z. B.» angeführten Beispiele und Begriffe könnten durch viele andere ersetzt werden.

Eine zunehmende gehaltliche Eingrenzung reicht von den Grundhaltungen bis zu den Typen. Von den Sammelbegriffen an abwärts kommt eine formale Eingrenzung hinzu und bei den Arten und Typen sogar eine inhaltliche. Auf Einzelfragen [wie die, ob das Epigramm als Gattung oder nur als eine der formalen Möglichkeiten des Spruches, also als eine Art, bezeichnet werden soll] kommt es hier nicht an. Auch ob man die Tragödie für eine durch ihren tragischen Konflikt und Ausgang gekennzeichnete Art der Gattung Drama hält oder für eine eigene und gleichberechtigte Gattung, ist gleichgültig. Hier soll nur gezeigt werden, wie die Einteilungskategorien sich von oben nach unten zu verengen und damit die literarischen Erscheinungen, die sie bezeichnen, zunehmend festlegen. Außerdem soll eine Vereinheitlichung im Gebrauch dieser Kategorien und Begriffe angeregt werden.)

ANMERKUNGEN

I

1 Robert Petsch fordert: «Jedenfalls aber sollte das grundsätzliche Spannungsverhältnis zwischen der inneren Lebendigkeit des Dichtwerkes und den teils belebenden, teils erkältenden Gattungsformen u. a. Schemata und Begriffen der ‹Poetik› von der Analyse erfaßt werden.» («Die Analyse des Dichtwerkes», in: *Philosophie der Lit. W.*, hrsg. v. E. Ermatinger, Berlin 1930, S. 272).
Kurt Berger *(Die Dichtung im Zusammenhang der Künste ...*, S. 247): «Dem Romantiker ist die Gattungsgesetzlichkeit die Schranke, über die hinweg er zum großen Ganzen der Poesie gelangen möchte ... Dem Klassiker bedeutet sie dichterische Vollendung, das individuelle Kunstwerk soll zur Gattung erhoben werden ...»

2 Während die Gattungen für viele ein heißes Eisen sind, an denen sie sich die Finger lieber nicht verbrennen, so leugnet doch heute kaum jemand ihre Existenz selbst, wie es Benedetto Croce und seine Schüler (vor allem Spingarn) versuchten. Der temperamentvolle Italiener betonte autoritativ die Einmaligkeit jedes Kunstwerkes, die eine Gruppierung sinnlos mache. Der Stanford-Comparatist Guérard betont dagegen («Preface to World Literature», New York 1940): «Croce is no whit less arrogant and dogmatic than Scaliger. A relativist must recognize the existence of genres in literature, as he must recognize their looseness. They exist in the same way as races and nations exist ... The true question remains not: ‹Are there genres in literature?› but: ‹Are the genres founded on convention, or on law?› »
Dieser Frage, ob Gattungen auf Konventionen oder Gesetzen begründet seien, geht er nicht weiter nach. Hier wird sie indes zum zentralen Thema des Buches gemacht.
Guérard wird aber Benedetto Croce nicht gerecht, wenn er dessen Ablehnung der Gattungstheorien nur mit der Feststellung begegnet, daß wir in jedem Buchgeschäft über das Vorhandensein der Gattungen belehrt würden. Letzteres im empirischen Sinn bestreitet Croce keineswegs. Gegen Ende des 4. Kapitels heißt es in der *Ästhetik:* «Es ist wissenschaftlich nicht falsch, von Tragödien, Komödien, Dramen, Romanzen, Bildern des täglichen Lebens ... zu sprechen, wenn es nur mit der Absicht geschähe, verstanden zu werden und die Aufmerksamkeit auf gewisse Gruppen von Werken zu lenken, auf die man aus irgendeinem Grunde die Aufmerksamkeit lenken möchte. Worte und Sätze zu verwenden, heißt nicht, Gesetze und Definitionen aufzustellen. Der Fehler beginnt da, wo einem Wort das Gewicht einer wissenschaftlichen Definition gegeben wird ...»

Anmerkungen

Croce scheint sich nur dagegen aufzulehnen, daß wir aus den Abstraktionen, die wir von konkreten Beispielen empirisch gewonnen haben, nun wiederum Gesetze ableiten, die rückwirkend die konkreten Beispiele erklären, ja bewerten sollen: «Der Irrtum beginnt, wenn wir versuchen, den Ausdruck von der Vorstellung (Konzept) abzuleiten und in dem, was seinen Platz einnimmt, die Gesetze für das, dessen Platz eingenommen worden ist, zu finden; wenn der Unterschied zwischen der ersten und der zweiten Stufe übersehen wird und wir folglich behaupten, auf der ersten zu stehen, wenn wir uns in Wirklichkeit bereits auf der zweiten befinden. Dieser Irrtum ist als die Theorie der künstlerischen und literarischen Gattungen bekannt.»
Die Grundthese scheint also zu sein: Wir verbauen uns den Blick für die einmaligen Reize der Einzelphänomene, wenn wir die aus ihnen abgeleiteten Begriffe absolut setzen. Dieser Standpunkt ist zumindest der normativen Poetik gegenüber durchaus berechtigt (auch gegenüber der pseudobiologischen Auffassung eines Brunetière). Rudolf Unger zum Beispiel konnte aber bereits weitersehen als Croce, indem er erkannte, daß wir unsere Gattungsbegriffe nicht aus den empirischen Erfahrungen mit der Dichtung allein, sondern vor allem aus den ihnen entsprechenden «psychologischen Tatbeständen» abzuleiten haben, die im Menschen selbst begründet sind.
Viëtor dazu: «Die Frage, ob für die Literaturen der abendländischen Neuzeit gattungsgeschichtliche Darstellungen überhaupt einen Sinn haben oder ob es sich hier, wie Benedetto Croce meint, nur um Scheinprobleme handelt, darf schon durch die Werke dieser Art, mit denen vor allem die deutsche Literaturwissenschaft hervorgetreten ist, als entschieden gelten. Ich jedenfalls glaube nicht, daß man von ihnen sagen kann, sie seien auf einen Gegenstand gerichtet, den es gar nicht gibt, oder sie beschäftigen sich mit Nichtwißbarem ...» (*Geist und Form*, S. 295)

3 Ein ausgezeichnetes Beispiel für die Leidenschaft, mit der gelegentlich um die Abklärung und Abgrenzung der Gattungsbegriffe gekämpft wurde, bietet der erbitterte Streit zwischen Veit Valentin und Theodor Lipps um die Tragödie und das Tragische in der *Zeitschrift für Vergleichende Lit. Gesch.*, Neue Folge, 5. Bd., Berlin 1892.

4 Norman Holmes Pearson («Literary Forms and Types», in: *Engl. Inst. Annual* 1940, New York 1941, S. 69) benutzt allerdings das Wort «type» für die Gruppen «fiction», «poetry», «drama» und seltsamerweise auch «essay», während er «novel», «novella», «ode» etc. als «form» bezeichnet.

5 Den Ausdruck schlägt auch Viëtor vor: «Epik, Lyrik, Dramatik sind doch keine Kunstgebilde, Werke, Gestaltungen, sondern sind letzte gestalterische *Grundhaltungen* ...» (*Geist und Form*)

Erstes Kapitel

6 Am ausführlichsten fand ich das Problem der literarischen Gattungen
in der Zeitschrift *Helicon* (vgl. Bibliographie!) diskutiert, die leider
nicht mehr existiert. Sie publizierte, neben mehreren unabhängigen
Artikeln zu diesem Problem, alle Protokolle des 3. Kongresses der
Commission Internationale d'Histoire Littéraire Moderne in Lyon
(Pfingsten 1939), auf dem ausschließlich gattungspoetische Fragen dis-
kutiert wurden. Erstaunlicherweise hat aber keiner der Referenten das
Thema dieses Buches berührt.

7 Mit dieser Arbeit glaube ich mich durchaus noch im Zuge jener Untersuchungen zu befinden, zu denen André Jolles das Signal gab, indem
er aufforderte: «... so muß es unsere erste Bemühung sein, mit allen
Mitteln, die uns Sprachwissenschaft und Literaturwissenschaft an die
Hand geben, in Einzelheiten den Weg festzustellen, der von Sprache
zu Literatur führt ... indem wir vergleichend beobachten, wie eine
selbe Erscheinung sich auf einer anderen Stufe sich anreichernd wiederholt, wie eine gestaltbildende, formbegrenzende Kraft, jedesmal sich
erhöhend, das System als Ganzheit beherrscht.» *(Einfache Formen,*
Einl.) Nur fassen meine Untersuchungen als «gestaltbildende Kraft»
die Grundhaltungen auf und nicht «einfache Formen», so aufschlußreich diese sonst sein mögen. Denn die «einfachen Formen» können
nicht zugleich die letzte «formbegrenzende Kraft» sein, sondern diese
höchstens besonders klar veranschaulichen. Wenn man überhaupt von
«Kräften» sprechen will, so sind es die Grundhaltungen, die sowohl
die «einfachen Formen» wie auch ihre komplizierteren Schwestern
durchwirkend bestimmen.

8 Sollte ein Leser eine unüberwindliche Abneigung gegen die Einführung
einer vierten Grundkategorie haben, so möge er das artistische Verhältnis des Dichters zu Stoff und Publikum vorläufig getrost als extremen Auswuchs der epischen Grundhaltung betrachten. Auf das sorgfältige Betrachten der Beobachtungen und Feststellungen in diesem
Buch kommt es mir mehr an als auf den Titel, unter dem es geschieht.
Da die publikumsbezogene Grundhaltung wahrscheinlich am häufigsten
in Verbindung mit der epischen Haltung anzutreffen ist, kann sie dieser noch am ehesten zugerechnet werden.

9 Wer es unternimmt, eine Gattung zu beschreiben, stößt auf das alte
methodische Problem der Reihenfolge von Abstraktion und Konkre-
tisierung. Kann er überhaupt Gattungen definieren, ohne zuvor ihre
konkreten Ausformungen in der Geschichte verfolgt zu haben? Wie
soll er andererseits die Gattungen historisch verfolgen, ohne sie genau
zu kennen, das heißt, sich zuvor eine Definition von ihnen erarbeitet
zu haben? Unsere Lage ist ähnlich: Wie haben wir Gattungen zu
beschreiben, deduktiv oder induktiv? Tun wir nicht immer beides zugleich? Wenn das verwirrende Gewimmel historischer Erscheinungen

mit irreführenden Namen wie «Divina Commedia», «Comédie humaine», «A Winter's Tale» uns sicher keine Klarheit über das Wesen der Gattungen geben kann, so müssen wir uns doch auch vor abstrakten Systemen hüten, deren Logik nicht mehr der Unlogik der Erscheinungen gerecht wird.

Hierzu besonders Emil Ermatinger: «Die irgendwie ursprünglich gekannte Gattungsbestimmung ist von vornherein der Gesichtspunkt, nach dem man das Material auswählt, das man untersuchen will, das heißt, es wirkt bei aller Induktion von Anfang an ein deduktives Element als Leitpunkt mit. (Rickert betont diese Tatsache auch für die Findung von Naturgesetzen ...) Wer sich dessen bewußt ist, wird daher, bevor er sich auf den Weg der Induktion begibt, sich erst erkenntnistheoretisch-logisch über den genauer zu bestimmenden Begriff Rechenschaft geben und sodann durch die Induktion, indem er sie mit der Deduktion verbindet, zur Klarheit kommen ... Der reine Induktionsbegriff des Positivismus ist keine Methode, sondern eine Selbsttäuschung. Wer Material sammeln und beobachten will, muß zuerst mit sich ins reine gekommen sein, nach was für formalen Gesichtspunkten er es sammeln soll; diese aber liegen nicht in der tatsächlichen Beschaffenheit des Materials selber, sondern in der seelisch-geistigen Organisation des Sammelnden selber.» («Das Gesetz in der Literaturwissenschaft» in: *Philosophie der Lit. W.*, Berlin 1930, S. 333 ff.)

Die Sprech- oder Grundhaltungen, aus denen ich die Gattungen abzuleiten suche, liegen «in der seelisch-geistigen Organisation» des Menschen selber begründet.

Die beste Darstellung des sogenannten «hermeneutischen Zirkels» gibt Viëtor *(Geist und Form, S. 305 ff.)*. Dort werden auch die wichtigsten Äußerungen zu diesem Problem von Dilthey bis Günther Müller zitiert. An seiner *Geschichte der deutschen Ode* zeigt der Verfasser dann, wie das Dilemma im allgemeinen gelöst wird: «Jede Gattungsgeschichte kann nicht anders vorgehen, als indem sie den Wachstumsvorgang verstehend und darstellend wiederholt. Das erste wird ein divinatorisches Erfassen des Gattungshaften an den dichterisch bedeutendsten Repräsentanten der Gattung sein, der zweite Schritt, der schon auf das geschichtliche Ganze der Gattung geht, führt zu den Anfängen der Gattungsgeschichte zurück ...»

Für dieses Buch gilt auch, was André Jolles im Vorwort zu *Einfache Formen* sagt: «Von den beiden Möglichkeiten, die es gibt, in ein Neues einzuführen, der des geschlossenen *Systems* und der des demonstrierenden propädeutischen *Sprechens*, ist die letztere gewählt ...»

10 Während wir versuchen, Klarheit in das Dickicht gattungssystematischer Spekulationen zu bringen, analysieren wir gleichzeitig auch die Gründe dieser Verwirrung selbst.

11 Bei vielen Begriffen, mit denen wir hier ständig umgehen müssen (wie lyrisch, dramatisch etc.), handelt es sich um vorwissenschaftliche Termini, die gelegentlich in einem geisteswissenschaftlichen Sinn verwendet werden. Es fragt sich, ob es überhaupt sinnvoll ist, sie auf ihre Bedeutungsgehalte hin zu untersuchen und diese gegeneinander abzugrenzen. Der in München lehrende Psychologe Philip Lersch hat diese Aufgabe für sein Arbeitsfeld der geisteswissenschaftlich orientierten Psychologie in einem umfangreichen Werk *(Der Aufbau der Person,* München 1951 ff.) unternommen — und mit großem Nutzen und Erfolg. Es hat auch und gerade in der Literaturwissenschaft keinen Nutzen, solchen Begriffen im Sinn einer falschverstandenen «wissenschaftlichen Haltung» aus dem Weg zu gehen. Wir sind gezwungen, sie jeden Tag zu gebrauchen, unter anderem deshalb, weil literarische Erscheinungen ständig über sich selbst in den allgemein menschlichen Bereich hinausweisen. Wir sind deshalb Büchern wie Staigers *Grundbegriffe der Poetik* zu Dank verpflichtet, selbst wenn sie in einigen Punkten korrigiert werden müßten.

II

1 Vgl. Friedrich Schubel: «Zeitstil und Mode», in: *Helicon,* I, 3, 253 bis 258, 1938.

2 E. Ermatinger: «... das naturwissenschaftliche Denken faßt den Begriff des Gesetzes in seiner unbedingten und allgemeinen Geltung als die reine Form des logischen Denkens in ihrem kontradiktorischen Gegensatz zu den in der gegebenen Lebenswirklichkeit, das heißt der Welt der körperlich-anschaulichen Gegenstände existierenden individuellen Gestaltungen.» (a. a. O., S. 345)
Zu diesem Problem besonders: W. Dilthey: «Einleitung in die Geisteswissenschaften» in: *Ges. Schriften,* Bd. 1, 1922 — W. Windelband: *Präludien,* ⁹1924 — H. Rickert: *Grenzen der naturw. Begriffsbildung,* ⁴1921 — H. Cysarz: *Literaturgeschichte als Geisteswissenschaft,* 1926 — E. Meister: *Über die Möglichkeit historischer Gesetze,* 1928.

3 Hier wird nebenbei deutlich, wie falsch es ist, wenn Dogmatiker der immanenten Interpretation (nicht Wolfgang Kayser, der nie zu solchen Extremen gegangen ist!) die Berücksichtigung des Biographischen in jedem Fall ausschalten wollten. Auf die *Richtung* der Interpretation kommt es einer selbstbewußten Literaturwissenschaft doch letztlich an, nicht auf die Art der aufschließenden Mittel. Ebenso wie andere Disziplinen bedenkenlos fremde Materialien verwenden, wenn diese helfen, für die jeweilige Disziplin legitime Fragen zu beantworten, so braucht sich der Dichtungsinterpret nicht zu scheuen, Biographisches heranzuziehen, sobald es ihm die Dichtung erhellen hilft. Ebenso darf

die Psychologie bemüht werden, wenn es zu erklären gilt, weshalb ein Kunstwerk so wirkt und nicht anders. Die Interpretation verläßt den eigentlich literaturwissenschaftlichen Bereich erst, wenn sie mehr nach dem Dichter als nach dem Kunstwerk fragt.

Folgende Fragen wären also durchaus legitim:

Was lerne ich aus den biographischen Details über das Kunstwerk, seine Entstehung, den Sinn dunkler Stellen etc.?

Was für ein Mensch (Menschentyp) konnte (kann im allgemeinen) ein solches Kunstwerk schaffen?

Welche Zusammenhänge bestehen zwischen bestimmten Sprach- und Erlebnisstrukturen?

Über den eigentlichen Bereich der Literaturwissenschaft hinaus würden folgende Fragestellungen führen:

Was erfahre ich aus dem Kunstwerk über die Person des Dichters?

Mit welchem privaten Erlebnis des Dichters darf ich das gestaltete Erlebnis identifizieren? War es genau so oder anders?

Wie kann ich den Dichter auf Grund bestimmter Stilbeobachtungen typologisch einordnen?

Wir wollen im übrigen in dieser Hinsicht nicht zu streng sein, da die Fragestellungen sich häufig in einer Untersuchung mischen und gelegentlich geradezu verschieben. Wichtiger ist der Wert der Ergebnisse. Denn psychologische Beobachtungen können für spätere rein literaturwissenschaftliche Untersuchungen unentbehrliche Grundlagen erbringen.

4 Vgl. Roman Ingarden: «Das Form-Inhalt Problem im literarischen Kunstwerk» in: *Helicon, I, 1, 51–67, 1938.*

5 «Preface to World Literature» (New York 1940, Appendix III, 478 f.)

6 Viëtor kommt zu ähnlichem Ergebnis: «Die literarischen Gattungen sind Kunstgebilde, über deren geschichtlichem Ursprung meist Dunkel liegt. Man kann etwa sagen, daß in solchen Gattungsgebilden eine Verbindung von bestimmten Gehalten mit bestimmten Formelementen sich hergestellt hat, die eine optimale Lösung für immer wiederkehrende gestalterische Aufgaben bildet und darum Traditionsmacht bekommt ...» *(Geist und Form, S. 294)*

7 Eine besonders feine Untersuchung der Zusammenhänge zwischen Gehalt und Gestalt in bezug auf das Gattungstypische bietet wiederum Viëtor, indem er auf die typische Gehaltsstruktur in so verwandten Gattungen wie Hymne, Ode und Sonnett verweist: «... diese drei Dinge: der eigentümliche Gehalt, die eigentümliche innere und äußere Form, machen zusammen, in ihrer eigentümlichen Einheit, erst «die» Gattung aus ... ein Umkreis formaler Möglichkeiten innerhalb eines eigentümlich strukturierten Gehaltes.» *(Geist und Form, S. 300)*

8 «Über den Begriff Struktur in der Dichtung» *(NDH 92, 12, 1963)*

Drittes Kapitel

III

1 ed. J. T. Shipley, 1953/62, S. 145.

2 Wer käme auf den Gedanken, auf die Substantivierungen das Minera-
lische (oder Anorganische), das Pflanzliche, das Tierhafte und das
Menschliche zu verzichten, nur weil das «Tierhafte» im Sinn von «das
Tierische» und «das Menschliche» im Sinn von «Humanität» einseitig
oder gar falsch verstanden werden könnten? Hier müssen wir allerdings der Erhellungskraft des Zusammenhanges ein wenig vertrauen.
Ebenso wie wir vom Zoologen kaum erwarten, daß er das Wort «tier-
haft» oder gar «tierisch» (zum Beispiel «tierische Fette») im Sinn von
brutal, primitiv gebraucht, werden wir vom Literaturwissenschaftler
nicht annehmen, daß er «dramatisch» verwendet wie der Reporter
eines Verkehrsunfalles. Der Naturwissenschaftler hat es insofern einfacher, als sein Begriff des Tierischen bereits klar gegen den des Pflanz-
lichen abgegrenzt ist. In unserer Disziplin haben wir uns damit abzufinden, Begriffe wie das Lyrische und das Epische erst abgrenzen zu
müssen.
Selbst Benno von Wiese leidet in seiner Darstellung der *Deutschen
Novelle von Goethe bis Kafka* (Düsseldorf 1956, Einl. S. 15) unter der
Zwangsvorstellung von den «starren Ansprüchen der Gattung», denen
er damit ausweicht, daß er von einem «novellistischen Erzählen»
spricht, das es bereits vor der Ausformung der Gattung Novelle gab.
Wenn er aber dann im Lauf seiner Untersuchung feststellen muß, daß
es auch von einem bestimmten Zeitpunkt an, etwa seit der ersten voll-
kommenen Ausbildung einer Theorie, kaum ein tatsächliches Werk
von Rang gibt, das den «starren Ansprüchen der Gattung» voll ge-
nügte, wenn er dann etwa in Mörikes «Mozart auf der Reise nach
Prag» das obligate «unerhörte Ereignis» hineininterpretieren will, spüren wir, daß auch er letzlich hier nicht weiterkommt.

3 An anderer Stelle: «Die Begriffe lyrisch, episch, dramatisch sind literaturwissenschaftliche Namen für fundamentale Möglichkeiten des
menschlichen Daseins überhaupt.»

4 Goethe nennt die Ode, Ballade und dergleichen «Dichtarten», Epik,
Lyrik und Drama aber «Naturformen der Dichtung»: «Es gibt nur
drei echte Naturformen der Poesie: die klar erzählende, die enthusiastisch aufgeregte und die persönlich handelnde: Epos, Lyrik und Drama ...» *(Anmerkungen zum Westöstlichen Divan*, Jubiläumsausgabe,
V, S. 223–224)

5 Die Elegie zum Beispiel war zuerst meistens Totenklage im «elegi-
schen» Couplet- oder Distichonvers. Später erweiterte sie ihre Themen
und bewegte sich in den sogenannten «heroischen quartrains».
Im 19. Jahrhundert beobachten wir – wohl unter den Einflüssen eines

Anmerkungen

großen Publikums und der schnellen Druckverbreitung – wesentlich häufigere und schnellere Umbildungen alter Gattungen, als je zuvor. Hierzu Goethe: «Gehalt bringt die Form mit, Form ist nie ohne Gehalt.» *(Faust,* Paralipomenon 1)

6 *Das gesprochene Gedicht und seine Gestalt,* Göttingen 1953/59.

7 Die Erkenntnis des Menschen als psychophysische Einheit hat bereits vor Wilhelm Wundt Lessing im 3. Stück der *Hamburgischen Dramaturgie* auf die Technik des Schauspielers angewandt, wenn es dort heißt: «... wenn er [der Schauspieler, Verf.] nur die allergröbsten Äußerungen des Zornes einem Akteur von ursprünglicher Empfindung abgelernt hat und getreu nachzuahmen weiß – den hastigen Gang, den stampfenden Fuß ... – wenn er, sage ich, nur diese Dinge, die sich nachahmen lassen, sobald man will, gut nachmacht: so wird dadurch unfehlbar seine Seele ein dunkles Gefühl von Zorn befallen, welches wiederum in den Körper zurückwirkt und da auch diejenigen Veränderungen hervorbringt, die nicht bloß von unserm Willen abhängen; sein Gesicht wird glühen, seine Augen werden blitzen ...; kurz, er wird ein wahrer Zorniger zu sein scheinen, ohne es zu sein, ohne im geringsten zu begreifen, warum er es sein sollte ... (zufolge dem Gesetze, daß eben die Modifikationen der Seele, welche gewisse Veränderungen des Körpers hervorbringen, hinwiederum durch diese körperlichen Veränderungen bewirket werden) ...»

8 Eine gute Zusammenfassung der literaturbezogenen Typenlehren gibt Marie Hed Kaulhausen: *Die Typen des Sprechens,* Emsdetten 1952.

9 Besonders klar äußert sich hierzu Rudolf Unger: «Auf dem Gebiete der Literaturgeschichte und Poetik haben wir es ... speziell mit poetischen Normen zu tun, die für dieses Gebiet das objektive Gegenstück jener dem menschlichen Geiste eigenen ästhetischen Bedürfnisse darstellen. Diese Normen sind also im Wesen des menschlichen Geistes begründet, entsprechen psychologischen Tatbeständen. Zugleich sind sie nicht starre, schlechthin unveränderliche Gebote, sondern bis zu einem gewissen Grade wandlungs- und entwicklungsfähig wie alles Menschliche. Das tut indessen dem normativen Charakter der ästhetischen Ideale keinen Abbruch.» («Philosophische Probleme in der neueren Literatur» in: *Ges. Studien.* BD. 1, Berlin 1929, S. 20)

10 Daß alle Kulturen unter ähnlichen Bedingungen ähnliche Gattungen mit relativ geringen Abwandlungen, die sich meist historisch erklären lassen, entwickelt haben, zeigt die vergleichende Literaturwissenschaft immer wieder. Man kann sich davon leicht durch einen Blick in H. W. Eppelsheimers *Handbuch der Weltliteratur* (Frankfurt a. M. [3] 1960) überzeugen.

11 Auch Viëtor und Wellek-Warren (S. 217) empfehlen, den Terminus Gattung auf die historischen Formen zu beschränken.

Bei Willi Flemming haben wir die Worte Gattung gegen Grundhaltung und Art gegen Gattung auszutauschen, um uns in voller Übereinstimmung mit ihm zu befinden: «Jedes Drama, sofern es wirklich ein Drama ist, *hat* dramatische Struktur, *ist* aber individuelle Gestalt. Damit besitzt es seinsmäßig Einmaligkeit, in welcher jedoch ein Generelles steckt, die Gattung. Diese *ist* an sich Struktur. Zwar wurde dieser Terminus der Mineralogie und Geologie entnommen, doch meint er kein starres Schema, sondern ... ein lebendiges, ein dynamisches Prinzip. Die so aufgefaßte Dichtungsgattung besitzt also das Gewicht einer unentbehrlichen und unersetzbaren Kategorie zum Verständnis empirisch gesicherter Befunde und fungiert diesem gegenüber als fragender Grund, der relativ überdauernd und plastisch konstant bleibt. Es wird in der individuellen Gestalt des Einzelwerkes ständig variiert, jedoch nicht wesenhaft verändert, und kann auch durch historische Entwicklungen nicht veralten. Es handelt sich um keine verwaschene Abstraktionsvorstellung, sondern um ein dynamisches Prinzip von großer Prägekraft. Die Dichtungsarten lassen sich als Spezifikationen von den Gattungen herleiten. Sie liefern das ‹Modell› für die konkreten Ausformungen. Dagegen sind weitere Gruppierungen untergeordneter Art. Sie sind lediglich Behelfe des Überblicks, Ordnungen nach Einzelmerkmalen innerhalb der Arten. Meist stützen sie sich auf einen Einzelzug des Stoffes (wie Gesellschaftsroman) oder des Gehaltes (Schicksalstragödie) oder auf die Verwendung eines einzelnen Darstellungsmittels (Briefroman).» *(Epik und Dramatik, S. 128 f.)*

12 «Und was die Gattung ist, darauf vermag nicht die spekulative Ästhetik von sich aus zu antworten, sondern nur aus dem Material heraus, das ihr die Geschichte der Gattung darbietet.» (Viëtor: *Geist und Form*, S. 308)

IV

1 Irene Behrens (vgl. Bibliographie) hat gezeigt, daß sich die bekannte Dreiheit erst spät durchgesetzt hat. Der Begriff des Lyrischen wurde erst um 1700 in Italien fest, im 18. Jahrhundert dann in Deutschland, und von hier wanderte er nach Frankreich.

2 Eine gute Zusammenfassung bietet James J. Donohue in seinem Buch *The Theory of Literary Kinds, Ancient Classifications of Literature I* (Dubuque, Iowa 1943), dem wir im antiken Teil dieses historischen Überblicks weitgehend folgen. (Die literaturwissenschaftlichen Termini seiner Schemata mußte ich oft sehr frei übersetzen, um den richtigen Sinn zu treffen. Gelegentlich habe ich eine erklärende Bemerkung hinzugefügt.)

3 Aristoteles (384–322 v. Chr.) begründete den Gebrauch des jambi-

schen Verses im Drama damit, daß dieser der Konversation am nächsten käme, während der daktylische Hexameter des heroischen Epos sich bewußt von der Prosa unterscheiden sollte. — Drama und Epos gehören in gewisser Hinsicht zusammen, weil sie beide nur mündlich vorgetragen wurden, während die elegische und jambische Poesie von der Flöte, und die melische Lyrik von der Lyra begleitet wurden.

4 Dazu Irene Behrens: «Den Grund dafür, daß bei Aristoteles eine Übersicht über die Lyrik als Ganzes noch fehlt, sahen wir ... darin, daß erst von einem zeitlich weiteren Abstand aus die sehr voneinander abweichenden Erzeugnisse der verschiedenen Kulturen zu einer Gesamtheit zusammengeschlossen werden konnten, und zwar, als die Beachtung des einst notwendig mit der Poesie verbundenen musikalischen Elementes nicht mehr unerläßlich war. — Warum aber auch die zu Aristoteles' Zeit noch gepflegten, einzelnen Liedarten außer gelegentlichen Erwähnungen so wenig Berücksichtigung finden, ist trotz vieler Versuche nirgends restlos überzeugend erklärt worden ...» *(Die Einteilung, S. 14)*

5 Goethe *(Anmerkungen zur Grafenballade):* «Der Dichter der Ballade bedient sich aller drei Grundarten der Poesie ... Er kann lyrisch, episch, dramatisch beginnen und nach Belieben die Formen wechseln ... Übrigens ließe sich an einer Auswahl solcher Gedichte die ganze Poetik wohl vortragen, weil hier die Elemente noch nicht getrennt, sondern wie in einem lebendigen Ur-ei zusammen sind ...»

6 *Die Logik der Dichtung* (wird weiter unten besprochen).

7 Sammlung Dieterich, Bd. 34 (übers. und eingel. von Horst Rüdiger).

8 Prof. Donohue schlug hier für das Wort «angelic» die Übersetzung «botschaftlich» (ein Anliegen vortragend) vor.

9 Irene Behrens sagt vom Mittelalter: «... es steht — weil ihm in den meisten Fällen nur eine leere Terminologie überliefert ist — einem großen Gebiet der antiken Poetik gegenüber hilflos da, hat aber anderseits noch nicht Abstand und Sachkenntnis genug gewonnen, um seinen eigenen Bestand an neuen, poetischen Formen selbständig theoretisch zu prüfen und zu ordnen. — Diese Unsicherheit spiegelt sich auch auf dem Sondergebiet der poetischen Gattungsnamen wider. Während eines ganzen Jahrtausends steht ihr Sinn und Inhalt nun nicht mehr fest, und diese Schwankungen betreffen fortan auch diejenigen Gattungen, deren Bedeutung von alters her am sichersten festgestanden hatte. *(Die Einteilung, S. 33)*
Da nun die antike Metrik auch noch im Mittelalter verhältnismäßig gut bekannt ist, weil man sie zur Lektüre der lateinischen Poesie benötigt, so ist durch manche mittelalterliche ‹Ars metrica› wenigstens dem Namen nach erhalten geblieben, was als Dichtungsgattung

selbst längst untergegangen war.» (Ebenda, S. 16) — Vgl. meine Bemerkung über Benno von Wiese in den Anm. zum 3. Kapitel.

10 In *Vorlesungen «Über dramatische Kunst und Literatur»*: «Wenn wir
aber jene drei Gattungen [lyrisch, episch, dramatisch, Verf.] in ihrer
Reinheit auffassen wollen, so gehen wir auf die Gestalt zurück, worin
sie sich bei den Griechen zeigen. Die Theorie läßt sich auf die Geschichte der griechischen Poesie am bequemsten anwenden: denn die
letztere ist, sozusagen, systematisch; sie bietet für jeden unabhängig
von der Erfahrung abgeleiteten Begriff die entsprechenden Beispiele
am urkundlichsten dar.»

11 Vgl. etwa die kulturgeschichtlichen Beschreibungen des griechischen Lebens von Michail Rostovceff (Leipzig 1941), Thassilo von Scheffer
(Wien 1935), Emile Mireaux (1956), Walther Kranz (Leipzig 1943),
Will Durant (Bern 1947) und H. D. F. Kitto (Fischer-Bücherei d. W.
356).

12 Vernon Hall *(Renaissance Literary Criticism,* 1959) arbeitet besonders
klar heraus, in wie starkem Maß das Nachdenken über Fragen der
Poetik in der Renaissance von aristokratisch-ständischen Gesichtspunkten bestimmt war. Selbst der nie aufhörende Kampf für die Verwendung der Nationalsprachen gegenüber dem Latein als dichterisches
Medium wurde von ihnen gefärbt, indem man natürlich den Sprach-
gebrauch der Aristokratie für die Literatur empfahl (zum Beispiel
«The King's English» in England). Die Einteilung in «hohen, mittle-
ren und niedrigen» Stil (entsprechend der Klasseneinteilung der Ge-
sellschaft) für Tragödie, Komödie und Farce entsprach ebenfalls stän-
dischem Denken. Die einzelnen Gattungen erhielten ihren Charakter
vor allem von der Aufgabe, die sie als Erziehungs- und Ausdrucksform
der ihnen zugewiesenen Gesellschaftsklassen erfüllten. Epos, Tragödie,
Ode und Sonett, sowie einige Formen der pastoralen Dichtung waren
deshalb bei weitem die angesehensten Formen. — Wenn man den
Kanon der Renaissancepoetik mit den Gruppen unserer Poetik vergleicht, stellt man fest, daß sich die Anzahl der üblichen Gattungen
etwa verzehnfacht hat (von rund zwanzig auf rund zweihundert).

13 Vgl. eingehende Besprechung im letzten Kapitel.

14 Kurt Berger untersuchte in einem anregenden Aufsatz («Die Dichtung
im Zusammenhang der Künste», in: *Dt. Vjs. 21, 3,* 1943, S. 229–251,
besonders ab S. 244) die Stellung der Dichtung und ihrer Gattungen
neben der bildenden Kunst und der Musik. Es heißt da: «In den Gattungen der Sprachkunst gewinnen das Musikalische, das Bildnerische,
das eigentlich Sprachliche Erscheinung, wobei wiederum alles in einem
enthalten ist und nur jeweils ein bestimmter Ton im Akkord dominiert. Es gibt plastische Lyrik, ‹Bildgedichte› und ausgesprochen musikalische Novellen, doch liegen diese Formen in den Randgebieten der

Gattungen, wenn es sich nicht um bloße Motive handelt. Im Drama
sind musikalische und bildhafte Motive vereint unter der Herrschaft
der Idee. In der Gattungsordnung der Dichtkunst spiegelt sich das
System der Künste innerhalb der Sprachkunst sinngemäß wider. Die
einzelnen Künste sind Gestaltungsweisen des Künstlerischen an sich in
verschiedenen Sphären des Wirklichen, die Gattungen in der Dichtung
sind nichts anderes als die Grundformen des Dichterischen in den
verschiedenen Sphären der sprachlichen Wirklichkeit. Unter dem Gesetz der Sprache steht auch die Gattung. Gefühl, Anschauung und Idee
werden in Lyrik, Epik und Dramatik sprachlich gestaltet, nicht mit
Hilfe der Sprache, sondern in ihr und aus ihr ...»
Wir müssen einschalten, daß Berger hier den Begriff Gattungen für
die drei Grundbegriffe verwendet und zwar in der ganzheitlich-speku-
lativen Weise, die für die deutsche Poetik typisch zu sein scheint. Zugrunde liegt allen diesen Theorien mehr oder weniger bewußt das
Bedürfnis, alle kulturellen Äußerungen des Menschen auf einige wenige Grundkategorien zurückzuführen, die sich in den verschiedenen
Bereichen in verschiedener Weise spiegeln, besser: auswirken. Vielleicht
haben wir in Wundts Lehre vom Menschen als «psycho-physischer
Einheit» den Ursprung dieser Denkweise zu erblicken. Wahrscheinlich
aber ist sie bereits viel älter. Denn was liegt dem menschlichen Denken näher, als (wie es Goethe so besonders eindrucksvoll tat) zu versuchen, die komplizierte Vielfalt der Erscheinungen auf einfache Ur-
prinzipien zurückzuführen und sie damit innerlich zu bewältigen! Auch
wir selbst hängen im Grunde dieser Denkweise an, wenn wir versuchen, die einzelnen Dichtungsgattungen aus wenigen überschaubaren,
vornehmlich psychologischen, Faktoren zu erklären.
Berger (a. a. O., S. 247): «In der Sprachkunst ändert sich das Verhältnis der Gattungen zueinander, wie das Verhältnis des Dichters zur
Wirklichkeit ein anderes ist, und es kann deshalb von einer Paralleli-
tät zur bildenden Kunst im wörtlichen Sinne nicht mehr die Rede sein.
Der besondere Grad der Verinnerlichung der Anschauung in der
Sprache, das Erfülltsein der Vorstellung mit Bedeutung, die unmittel-
bare Sinnbeziehung erklärt uns schon, daß die Gattungen der Dich-
tung sich nicht mehr räumlich klar gegeneinander abgrenzen lassen,
wie die der bildenden Kunst. Im Raum der Sprache erscheint die
Wirklichkeit einheitlich geformt, und wenn die Dichtung die Wirklichkeit gestaltet, spiegelt sie sich ihr in der Bedeutung der Sprache. Diese
Genesis der dichterischen Gattungen erklärt die zahlreichen Übergänge
und Mischformen, wie sie die bildende Kunst in ihrem unmittelbaren
Verhältnis zur Natur und bei der daraus folgenden Gegebenheit der
Gattung nicht kennen kann. Die Gattungsgesetzlichkeit wird dadurch
nicht etwa in Frage gestellt ...»

15 Rudolf Unger fragt: «Kann Diltheys Trichotomie der Typen für die Geistesgeschichte im allgemeinen und die Literaturgeschichte (bzw. Kunstgeschichte) im besonderen genügen? ... Lassen sich in der Poesie, und vielleicht auch im Prosastil, künstlerische Gestaltungstypen unterscheiden, die jenen weltanschaulichen entsprechen? ... Kann man sich überhaupt von der Übertragung der Diltheyschen Typentheorie auf das literarische Gebiet wissenschaftlichen Nutzen versprechen?» (a. a. O., S. 80)

16 Géza Révész: *Ursprung und Vorgeschichte der Sprache*, Bern 1946. Vgl. etwa auch Friedrich Kainz: *Psychologie der Sprache*, Stuttgart 1941 ff., und Leo Weisgerber: *Von den Kräften der deutschen Sprache*, Düsseldorf 1951 ff., u. v. a.

17 *Aesthetik*, pp. 235–259: «Die Kunst des Phantasieschein oder die Poesie»

18 «Introduction ...», S. 198, übersetzt v. Verf.

19 *Das Sprachliche Kunstwerk*, Kapitel X: «Das Gefüge der Gattungen.»

20 Dagegen Willi Flemming: «Die Arten [gemeint sind unsere «Gattungen», Verf.] sind gleichsam Zweige des gleichen Stammes, eben ihrer Gattung [gemeint: «Grundhaltung», Verf.]. Sie lassen sich kaum in genetischer Abhängigkeit auseinander herleiten; sie wachsen vielmehr gleichberechtigt nebeneinander, verbunden in systematischer Verwandtschaft. Es ist deshalb mißlich, von ‹Urformen›, ‹Vorformen›, ja von ‹einfachen› Formen zu sprechen, weil darin ein Unterton von Hochwertung dieser und Abwertung späterer, abgeleiteter schwingt ...» (a. a. O., S. 129)

21 Kayser macht zum Beispiel in der epischen Dichtung auf die relative Selbständigkeit der Teile aufmerksam, die wir weder in der lyrischen noch in der dramatischen Dichtung finden (S. 350). Das läßt uns an den Bau der Szenen in Brechts «epischem» Theater denken, wo dieses Strukturprinzip bewußt gebraucht und gerechtfertigt wird.

22 Valentins Aufsatz über «Poetische Gattungen» aus dem Jahre 1892 *(Zschr. f. vergl. Lit. Gesch.*, Bd. 5) zeigt einmal deutlich, daß in Reflexionen dieser Art doch ein gewisser Fortschritt in Richtung zur Klarheit zu verzeichnen ist. Staigers und Kaysers Arbeiten bezeugen einen weiteren Horizont sowie größere begriffliche Schärfe, die sie teilweise der Sprachphilosophie und Sprachpsychologie unseres Jahrhunderts verdanken. Zum andern aber demonstriert dieser frühe Versuch einer kritischen Analyse der herkömmlichen drei Grundbegriffe die Gefahr, die diesem Untersuchungsfeld überhaupt in besonderem Maße naheliegt: allzu leicht kann hier auf willkürlich gewählten Voraussetzungen ein scheinbar logisches Gebäude errichtet werden, das, wenn man es nicht von Anfang an sehr kritisch überprüft, eine gewisse Überzeugungskraft ausstrahlen kann. Valentin fühlt ganz richtig die Not-

wendigkeit, die verschiedenen Grade der geistigen Formung in Sprachkunstwerken zu berücksichtigen, das reflektierende Element, durch das
er die mißverstandene dramatische Form ersetzen will. Da er das
typisch Dramatische nicht in der Spannung, sondern im Rollenspiel
sieht, muß er es folgerichtig von der Gattung (er meint: von der
Grundhaltung) zur bloßen Darbietungsform (wie Ballade, Roman etc.)
abwerten und durch die «reflektierende Gattung» (gemeint ist eine
Art unscharf gesehener Verbindung von unserer dramatischen und
artistischen Grundhaltung) als dritten Grundbegriff ersetzen: «Ist nun
aber das Element des Reflektierens in der Sprache ein nicht zu um-
gehendes und bedient sich die Dichtkunst der Sprache als eines Aus-
drucksmittels, so läßt sich auch irgendwelche dichterische Schöpfung
ohne dieses Element des Reflektierens nicht denken» (S. 39).
Valentin sieht die bereits von Goethe beobachtete Mischung der Grundhaltungen in jedem Einzelwerk, die Lyrik betreffend, auf folgende
Weise: «Soll nun mit Hilfe der sprachlichen Dichtung eine lyrische
Wirkung erzielt werden, so muß sie den Umweg machen und die
ursprünglich epischen Grundcharakter tragenden bildlichen Vorstellungen oder die den Charakter der Reflexion tragenden geistigen Vorstellungen zu Trägern subjektiver Empfindung statt objektiver Tat-
sachen machen. So kann die sprachliche Dichtung lyrischen Charakter
gewinnen: den nächstliegenden und natürlichsten, daher auch am sichersten wirkenden Weg bietet sie dafür jedoch nicht. Daher ruft sie
gerne die Schwesterkunst, die Musik zur Hilfe, durch deren Beistand
der lyrische Charakter mit größter Sicherheit und Entschiedenheit zum
Ausdruck kommt ...» (S. 46).
An diesem Beispiel kann gut gezeigt werden, wie derartige Abhandlungen häufig von einem richtigen Schluß auf einen falschen, die eigenen Thesen stützenden, überleiten: «Sollen, wie es allein berechtigt ist,
die poetischen Gattungen aus dem Wesen der Poesie erkannt und abgeleitet werden, so kann alles, was volkstümlichen Ursprung hat und
demgemäß nicht allen dichterischen Schöpfungen eigentümlich ist, nicht
für die Bestimmung der dichterischen Gattungen maßgebend sein:
Solche Unterschiede können nur den besonderen dichterischen Formen
angehören [er meint die Gattungen, Verf.], deren Entdecken oder
Schaffen dem überall gleichen Wesen der Poesie eine besondere Gestaltung geben, dieses selbst aber weder bestimmen noch ändern kann.
Das Drama ist eine Form, zu deren Schaffung keineswegs alle Völker
gekommen sind [soweit richtig, Verf.]: also kann das Drama nicht
unmittelbar dem Wesen der Poesie entspringen und somit keine besondere Gattung der dichterischen Schöpfung bilden: es steht auf derselben Stufe mit allen übrigen Formen [Gattungen, Verf.] der dichterischen Schöpfungen, deren Dasein dem inneren Gehalte der

dichterischen Schöpfung förderlich, aber nicht notwendig sind» (S. 44).
Der richtige Schluß aus dieser richtigen Beobachtung wäre der allein,
daß die Gattung Drama keine Grundhaltung sein kann, nicht aber
der, daß sie keiner Grundhaltung entsprechen könnte (der dramatischen) — schon längst nicht mehr der, daß hier irgendein Beweis für die
Existenz einer «reflektierenden» Grundhaltung zu finden sei.

23 In: Vorwort zu *Die Welt im Drama*, Bd. *I*, 1904, und in: *Einleitung
zu den gesammelten Schriften* (1917).

24 Im *Kleinen literarischen Lexikon*, Stichwort: Gattung.

25 *Das Problem von Dichtungsgattung und -art*, S. 56 ff., ähnlich und
ausführlicher Herbert Seidler in *Die Dichtung*, 1959 (besonders das
Kapitel «Die Didaktik», S. 438–455).

V

1 *Die Gestaltfrage in der Literaturwissenschaft und Goethes Morphologie*, Halle 1943.

2 *Gedanken über Gedichte*, 1941, S. 322.

3 Die spezifische Einstellung der Diseuse zu Stoff und Publikum belegen
ausgezeichnet Bemerkungen, die die größte Diseuse Frankreichs,
Yvette Guilbert (in: *Lied meines Lebens* [Rowohlt] Hamburg) über
ihre Kunst machte: «Was aber dem Witzigen meines Abenteuers erst
die rechte Würze gab, war, daß die Leute aus meinen Couplets, die
nur von ihrer Schmach und Schande berichteten, auf meine eigene Lie-
derlichkeit schlossen! Man verwechselte den Maler mit dem Modell,
den Zuschauer mit dem Schauspieler! ... Ich sang ungefähr vierzig
Minuten, ohne mich zu beeilen, und verließ die Bühne nach jedem
Lied, das etwa vier bis fünf Minuten dauerte ... Für mich war die
Bühne ein Salon, und ich war bestrebt, diesen Salon zu betreten wie
eine große Dame; sodann produzierte ich meine Kunst mit allem, was
sie an Varianten mit sich brachte, ich wurde eine Montmartrehure
und, wenn es sein mußte, ein Apache mit Mütze und Halstuch usw.
usw., meine Stimme wurde rauh und gemein; war aber mein Lied zu
Ende, verließ ich die Bühne wieder möglichst distinguiert und elegant,
mein Lächeln sollte sagen: ‹Dies alles, nur um uns zu amüsieren, nicht
wahr?› »
(Zitiert nach H. Hakel, *Wigl Wogl*, Wien 1962, S. 179)

4 Andere Beispiele des Chansons und Songs habe ich in meinem Buch
interpretiert: *Das literarische Chanson in Deutschland*, Bern 1966
(Slg. Dalp 99).

5 Wenn Hartmann von Aue vermeiden will, den Zweikampf zwischen
Iwein und dem König von Askalon erzählen zu müssen, wendet er
sich an seine Leser mit der Ausrede, er wüßte keine Details zu berich-

ten, da ja niemand Augenzeuge gewesen sei außer dem unterlegenen Kämpfer, der nicht mehr berichten könne, und dem siegreichen, der aus Bescheidenheit nicht berichten wolle. Bekannt ist auch die zweideutige Seitenbemerkung (zum Leser) des Pfaffen Lamprecht in Hinsicht auf die Glaubwürdigkeit seiner Erzählung und Gewährsleute: «louc er, so liuge ich.»

6 Vgl. Volkmar Sander: «Zur Rolle des Erzählers in Mörikes Mozart-Novelle», in: *GQ*, *XXXVI*, S. 123— 124 (März 1963). — Sander weist vortrefflich auf «das hohe Maß an Reflektiertheit» in «Zwischenreden des Autors, in denen er, in direkter Wendung an den Leser, zum berichteten Geschehen selbst Stellung nimmt» hin und auf «das Zwiespältige und Doppelgesichtige der Novelle» und nennt sie «Erzählergegenwart» neben den beiden anderen Strängen der «Gegenwartshandlung» und «Vorzeithandlung». Nur bezeichnet er diese Grundzüge der Novelle fälschlich als «das spezifisch epische Element der Deutung und Erklärung» und die sogenannte «Erzählergegenwart» als «jenes dem Epischen vorbehaltene Phänomen». — Daß die Haltung, die sich hier auswirkt, keineswegs den epischen Gattungen vorbehalten ist, versuche ich in diesem Kapitel zu zeigen.

7 Lothar Schmidt («Das Ich im Simplicissimus», *WW IV*, 1960, S. 215) unterscheidet in Grimmelshausens «Bekehrungsroman» zwischen dem «erzählten Ich», das sich in dreierlei Art reflektierend und wertend einschaltet:

1. Hinweis auf den zeitlichen Abstand zwischen Ereignis und Bericht (meist beiläufig in einem Nebensatz) —

2. Historisch-mythologische Anmerkungen und Vergleiche (meist ausgedehnte Einschübe) —

3. Moraldidaktische Reflexionen (meist in den Kapitelanfängen und -schlüssen).

Hugo von Hofmannsthal schreibt in dem Aufsatz «Schöne Sprache» *(Prosa, Bd. IV):* «Die Distanz, welche der Autor zu seinem Thema, die welche er zur Welt, und die besondere, welche er zu seinem Leser zu nehmen weiß, die Beständigkeit des Kontaktes mit diesem Zuhörer ..., das sind lauter Ausdrücke, die auf ein zartes geselliges Verhältnis zu zweien hindeuten, und sie umschreiben einigermaßen jenes geistig-gesellige leuchtende Element, das der prosaischen Äußerung ihren Astralleib gibt ... Auf Kontakt mit einem idealen Zuhörer läuft es bei ihnen allen hinaus. Dieser Zuhörer ist so zu sprechen der Vertreter der Menschheit, und ihn mitzuschaffen und das Gefühl seiner Gegenwart lebendig zu erhalten, ist vielleicht das Feinste und Stärkste, was die schöpferische Kraft des Prosaikers zu leisten hat.»

Es ist eigentlich erstaunlich, daß bisher (außer im Bereich der Sprechkunde) kaum jemand Prosa von der Art des Publikumskontaktes her

(also von den in ihr vorhandenen Elementen unserer vierten Grundhaltung ausgehend) interpretiert hat.

Wolfgang Kayser weist in dem anregenden Aufsatz «Wer erzählt den
Roman?» *(Die Vortragsreise*, Bern 1958) indirekt darauf hin, denn die
Frage nach dem eigentlichen Erzähler schließt immer die nach seinem
Publikum ein: «Die literarische Kritik hat bei ihren Stilanalysen viel-
leicht noch nicht genug auf dieses Verhältnis des Erzählers zu seinem
Leser und auf die Leserrolle geachtet, die da jeweils vorgeformt wird»
(S. 89). «... Leser und Erzähler, beide der poetischen Welt zugehörig,
stehen in einer unlösbaren Korrelation» (S. 90). «Der heimliche Reiz
der Romanform liegt vielleicht in dem Kontakt, der sich hinter dem
ganzen vordergründigen Spiel der Verwandlungen von Erzähler und
Leser stiftet, und sich gleichwohl nur durch sie hindurch stiften kann.
Aber ist das noch etwas spezifisch Romanhaftes? Wir sind in dem Spiel
der Verwandlungen auf Erscheinungen gestoßen, die sich in der Dichtung allerorts begeben ...» (S. 100).

Hier kommt der große Interpret unseren Anschauungen einmal wieder
so nahe, daß wir den Atem anhalten vor Erwartung, hier unsere
Beobachtungen bestätigt zu finden. Aber er biegt ab und spricht im
folgenden von der Entsprechung von Er-Roman und Ich-Roman und
Rollenlyrik und Ich-Lyrik.

Es wird noch nicht daran gedacht, daß der Autor nicht in jedem Moment über einen unbeschränkten Vorrat an Aufmerksamkeit verfü-
gen kann, daß er also seine Konzentration im gleichen Maße vom
Stoff abwenden wird, als er sie auf den vorgestellten oder tatsächlichen
Hörer oder Leser lenkt. Der Publikumskontakt wird gleichsam als
etwas Zusätzliches genommen, zwar wichtig genug, um sich stilbildend
auszuwirken, nicht aber grundlegend genug, um den Charakter der
Gattungen mitzustrukturieren.

Es spielt übrigens für uns keine Rolle, ob der Erzähler und sogar der
im Roman angesprochene Leser fiktiv oder real sind, denn wir ver-
wandeln uns für gewöhnlich beim Lesen unmerklich in den fiktiven
Leser; wir «schlüpfen in seine Rolle», wie Kayser es ausdrückt.

8 Ein interessantes Beispiel gibt Kayser *(Vortragsreise*, S. 90): «Im Anfang von Huxley's *Brave New World* wird ein weißes, kaltes Gebäude
genannt. Wir gehen mit wachsender Beklemmung durch die Korridore
und stoßen schließlich auf den Direktor. ‹Er hatte›, so berichtet der
Erzähler, ‹ein großes kräftiges Kinn und große, ziemlich vorstehende
Zähne, gerade noch von den vollen, üppig geschwungenen Lippen be-
deckt, wenn er schwieg. Alt? Jung? Dreißig, fünfzig? Fünfundfünfzig?
Schwer zu sagen. Übrigens ergab sich die Frage gar nicht, denn in diesem Jahre der Beständigkeit, 632 n. F., fiel es niemand ein, sie zu
stellen.› Wer fragt da plötzlich, die Beschreibung unterbrechend, nach

dem Alter? Offensichtlich der Erzähler. Aber warum? Weil er sie uns, den Lesern, von den Lippen abliest. Weil er weiß, daß wir bei der Einführung einer Gestalt ihr Alter zu erfahren wünschen ...»

An einem anderen Beispiel, aus Melvilles *Moby Dick*, können wir noch klarer erkennen, wie Kayser es vermeidet, über einen bestimmten Punkt hinauszudenken. Er stellt Inkongruenzen fest und verteidigt sie sogar. Aber er versucht nicht, sie zu erklären:

« ‹Man nenne mich Ishmael› lautet der erste Satz [von Moby Dick, Verf.]. Eine seltsame Unsicherheit überkommt uns. Ist der Erzähler denn etwa nicht jener Ishmael, von dem er erzählt? Die Zweifel werden bei dem aufmerksamen Leser immer stärker. Denn der Held der Erzählung, jener Ishmael, ist ein einfacher, primitiver Seemann. Der Erzähler aber ist ein überaus gebildeter Mann, er kennt sich in den Naturwissenschaften, in der Geschichte aus; er hat Rabelais, Locke, Kant gelesen und zitiert aus Goethes Gesprächen mit Eckermann. Und dann: er erzählt viel mehr, als er erlebt hat. Nicht erst bei der Katastrophe des Schlusses – schon vorher berichtet er heimlich geführte Gespräche, von denen er nie etwas erfahren haben kann. Dann wieder verschmilzt er mit der Besatzung und weiß nicht mehr, als sie in diesem Augenblick weiß, so als ob er nicht mehr der Rückschauende wäre. Dann wieder berichtet er innere Selbstgespräche und Gedanken des Kapitäns, die der niemals mitgeteilt hat. Es wäre völlig falsch, diesen Wechsel der Perspektiven als technischen Fehler anzumerken und ihn – man hat es versucht – als Folge verschiedener Konzeptionen und Arbeitsphasen zu erklären. Melville hat sein Werk in dieser Form veröffentlicht, und er hatte alles Recht dazu. Der Ich-Erzähler eines Romans ist hier wie überall keineswegs die geradlinige Fortsetzung der erzählten Figur. In ihm steckt mehr; seine Erzählergestalt als altgewordener Held ist nur eine merkliche Rolle, hinter der etwas anderes steht» (S. 94).

Das mag alles stimmen. Nur wollen wir wissen, *warum* wohl der Dichter die Perspektiven in dieser Weise wechselt; und diese Frage hat meines Wissens noch niemand zu beantworten versucht. Gibt es aber eine bessere Erklärung als die, daß der Dichter gelegentlich, vielleicht zuerst unbewußt, in die reflektierend-publikumsbezogene Haltung verfällt, ebenso wie er an anderen Stellen «lyrisch wird» und an wieder anderen «dramatisch» schreibt? Wahrscheinlich gefallen ihm dann, wenn er später merkt, daß die zwei Erzählerperspektiven eigentlich nicht zueinander passen, die reflektierenden Passagen so sehr (weil sie dem Buch «sophistication» geben), daß er sich nicht entschließen kann, sie wegzustreichen oder anzugleichen. Daß sich derartige «Ungenauigkeiten» viel häufiger in der Literatur der Gegenwart finden als etwa im Realismus, paßt zu der großzügigeren und experimentierfreudigen

Haltung gegenüber Stil- und Gattungsfragen, die unsere Zeit überhaupt auszeichnet.

9 Goethes *Werther* wird durch einen Vorspruch eingeleitet, in dem wir
von einem dritten, dem Sammler der Briefe, angesprochen werden:
«Was ich von der Geschichte des armen Werthers nur habe auffinden
können, habe ich mit Fleiß gesammelt und lege es euch hier vor, und
weiß, daß ihr mir's danken werdet. Ihr könnt seinem Geist und seinem Charakter eure Bewunderung und Liebe, seinem Schicksale eure
Tränen nicht versagen. Und du, gute Seele, die du eben den Drang
fühlst, wie er, schöpfe Trost aus seinem Leiden, und laß das Büchlein
deinen Freund sein ...»

10 *Sämtl. Werke*, Bd. 8, S. 60.

11 Das Folgende in Übereinstimmung mit L. Beriger: «Poesie und Prosa»,
in: *Dt. Vjs.* 21, 2. 1943, S. 133–160.
Dort heißt es: «Poesie als die Sprachform einer Dichtung kann sinn-
vollerweise nur verglichen werden mit Prosa als der Sprachform einer
Dichtung, und das Problem Poesie-Prosa grenzt sich dadurch ein zum
Problem des Unterschiedes von Poesie und dichterischer Prosa ... Das
Wesen und die Eigenart der Poesie im Unterschied zur (dichterischen)
Prosa beruht auf der Verselbständigung des musikalischen Elements
gegenüber dem Logischen, wodurch es zu diesem in das Verhältnis
eines Spannungsgegensatzes tritt. Die Verselbständigung des rhyth-
misch-melischen Elements der Sprache ist das Metrum (und die mit
ihm zusammenhängenden Erscheinungen), die Verselbständigung des
lautsinnlichen Elements ist der Reim.»

12 *Ges. Werke*, Bd. 2, S. 188.

13 Wolfgang Kayser trifft genau die dramatische Sprechhaltung, wenn er
den Erzählstil Kleists folgendermaßen charakterisiert: «... hier spricht
kein Literat, der einem Publikum eine Geschichte erzählt. Dem Publikum dreht er den Rücken zu; er schafft keine Gemeinsamkeit mit
ihm, es gibt keine Anspielungen, die einen Kreis gleichgebildeter Leser
abgrenzten, für die erzählt würde ... Der Erzähler steht ganz im Banne
des Geschehenen, das er erzählt und das Wirklichkeit ist ... Er steht im
Banne: er besitzt keine Überlegenheit über die Figuren, wie wir es
von Fielding und Wieland her kennen. Er überschaut nicht einmal das
Ganze des Geschehens; seine Voraussagen sind nur partiell, und seine
Wertungen – an sich Symptome seiner inneren Teilnahme, Symptome
eines Sprechens aus der ganzen Person heraus, aus der auch die Gestalten sprechen – gelten fast immer der jeweiligen Situation. Von ihm
dürfen wir keine Sinngebungen des Ganzen erwarten – und sind
doch zunächst ganz auf ihn als Vermittler dieser Wirklichkeit ange-
wiesen. Daß er diese Aufgabe getreu erfüllen wird, hat er uns ver-
sichert und spüren wir von dem ersten Worte an: er wird nichts ver-

fälschen, nichts färben und von sich aus arrangieren. Als Berichterstatter gibt er sich. Aber wenn auch seine persönliche Ergriffenheit gelegentlich aufflackert und sich in Wertung äußert, so ist doch im Ganzen sein Bemühen um Sachlichkeit, ja um Kälte unverkennbar. Kleist als Erzähler ordnet sich dem Erzählten unter, er läßt sich von daher bestimmen, und so wird die Untersuchung des Erzählens um so wichtiger, da offenbar in den Kategorien des Erzählens zugleich die Kategorien der erzählten Welt spürbar sind. Was am Erzählen zunächst auffällt, ist die Abwesenheit nicht nur von Wendungen ans Publikum oder von Erörterungen und Reflexionen, sondern auch von einer Sprechweise wie dem Beschreiben, ohne die doch kaum ein Erzähler auskommt. Sich rundende Beschreibungen fehlen fast völlig; ... Beherrschend ist der Bericht, das heißt die sachliche Angabe des in der Zeit verlaufenden Geschehens. Die Welt ist für diesen Erzähler im wesentlichen die Aufeinanderfolge von Begebenheiten, in der es keine Ruhe gibt.» («Kleist als Erzähler», S. 175 f.)
Wenn wir mit Staiger das behagliche Beschreiben als typisch episch und mit Szondi die spannende Handlungsabfolge als typisch dramatisch ansehen, dann machen besonders die letzten Sätze Kaysers klar, von welcher Grundhaltung Kleists Prosa geprägt wird. Das heißt aber auch für Kayser nicht, daß die anderen Elemente völlig fehlten. In gefühlsinnigen Momenten kann für kurze Augenblicke Lyrisches aufleuchten, und auch artistische Bezugnahme auf das Publikum fehlt nicht völlig. Kayser gibt einige Beispiele.

14 Ich zitiere aus der von Klaus Schaefer bearbeiteten Ausgabe des Akademie-Verlages, Berlin 1961.

15 Friedrich Beißner: *Der Erzähler Franz Kafka*, Stuttgart 1952.

16 Bei genauem Hinsehen hält aber auch die «Ausnahme Kafka» nicht stand, denn schon auf der gleichen Seite kurz zuvor finden wir einen Satz, der doch sicher nur in Hinsicht auf ein Publikum geschrieben werden konnte: *Gab es Einwände, die man vergessen hatte? Gewiß gab es solche. Die Logik ist zwar unerschütterlich, aber einem Menschen, der leben will, widersteht sie nicht.*

17 Vgl. dazu Roy Pascal: «Franz Kafka», in: *The German Novel*, Manchester 1956, S. 215 ff.

18 Dazu die Reflexionen über das Thema «Wie werde ich Conférencier?» von Anton Kuh: «... Mokante Lippen, bitte! — es kommt beim Conférencier nicht darauf an, was er redet, sondern, was er zu verschweigen scheint ... Ganze, in sich geschlossene, pausenlos zu Ende gesprochene Sätze darf es nicht mehr geben. Sie müssen stocken. Und zwar

1. aus Verlegenheit;
2. aus Improvisiertheit;
3. wegen der Pointe.

Es empfiehlt sich daher, zu einem Stotterer in die Lehre zu gehen ...
Ihre Aufgabe ist sodann, ... dem Asthma Liebenswürdigkeit abzuschmeicheln. Sie tun da gut, nach einer Serie tonlos hingeworfener
Worte plötzlich unmotiviert mit der Stimme hinaufzusteigen, wobei
der fallengelassene Teil den Sinn der Rede enthalten muß, der betonte
Nebensächliches. Bedenken Sie, daß Pointen sich nur durch Mißachtetheit bemerkbar machen. Je mehr Nichtachtung Sie Ihren Einfällen
bezeigen, desto mehr sehen sie nach welchen aus. Die Ohren des Publikums sind bereits so gedrillt, daß es zu lächeln beginnt, sobald der
Conférencier mit der Stimme nach unten geht. Denken Sie nur, was
Sie dabei an Pointen ersparen! ... Aus der Redeart ergibt sich von selber die Mimik, das äußere Gehaben. Zum versonnenen Langsamreden
gehört die versonnene, suchende Gebärde. Wollen Sie, daß man die
idyllischen Neigungen Ihres Witzes glaube, so ist es angezeigt, daß Sie
mitten in Ihrer Rede einen Fleck auf Ihrem Ärmel entdecken und ihn,
weiter redend, mit großer Umsicht wegzuputzen beginnen. Auch die
Betrachtung der Fingernägel scheint ratsam ... Stellen Sie sich vor, daß
der Conférencier eine Persönlichkeit ist — und eine Persönlichkeit
hat Eigenheiten ...
Frühere Generationen haben vor der Pointe einen Gedankenstrich gemacht; der war das Sprungbrett, von dem sich der Geist kopfüber
in den Sinn stürzte; ein Trampolin des Atems. Die Menschheit war
damals noch nicht so aphoristisch veranlagt. Heute wäre jene Methode
ganz verfehlt. Man tut das Umgekehrte. Eine Pointe, der ein Atem-
Herold vorangeht, ist verloren. Eine Knallerbse ohne Knall. Man
zieht also nicht mehr den Atem ein, man bläst ihn aus. Man läßt
ausschwingen. Die Gedankenpunkte müssen einem vom Mund tropfen,
als hätte man ihn zu tief in den Honig des Esprit hineingesteckt.
Oder man läßt die Pointen achtlos niederfallen wie der Clown seine
Bälle ... Man ignoriert sie ... Merk dir: nur wer hat, verschleudert.
Man muß also Pointen verschwenden, damit sie in Fülle vorhanden
scheinen.
Eine andere Frage ist der Übergang. Wie stehl ich mich (da wir von
Pointen reden) geschickt von Pointe zu Pointe? Wie mache ich die
verehrten Anwesenden glauben, nicht der Witz knete meinen Stoff,
sondern mein Stoff den Witz? Nun, es gibt da zwei Wege: entweder
eine ausführliche private Lebensbeschreibung (alte Schule); oder die
demonstrative Sprunghaftigkeit («weil wir gerade von Einstein sprechen ...»; hat aber gar nicht von ihm gesprochen, der Schlankel).
Doch hüten Sie sich vor allem davor, in Ihren Witzen erfundene
Namen zu gebrauchen statt solcher aus der Zeitung. Während Sie in
dem einen Fall geistsprühender Chronikeur sind, bleiben Sie im andern
ein Anekdotenschmuser ...

Anmerkungen

Erschweren Sie sich also nicht überflüssig Ihre Aufgabe! Der politische Conférencier braucht bloß eine Verständigung mit dem Publikum anzubahnen über die gemeinsame Kenntnis von Ereignissen und Namen; er baut seine Wirkung auf den Stolz der Anwesenden, ihn zu verstehen, bevor er den Mund aufgemacht hat ...» (zitiert nach: H. Hakel: *Wigl Wogl*, Wien 1962, S. 143 ff.)

19 Das Moment des «Zeitdrucks» spielt auch eine entscheidende Rolle in der Balkonszene von *Romeo und Julia*, mehr noch in der Kerkerszene von *Faust I*.

20 Die größte Naturnähe werden wir in der Regel in der Lyrik oder in lyrischen Prosastellen finden. Dem «reinen Lyriker» wird die beseelte Natur zum Spiegel seiner Gefühle, zum Symbol seiner Gefühle, zum Symbol seiner Gestimmtheit, Innen- und Außenwelt verschmelzen. Der Epiker hat mehr Distanz von den Dingen als der Lyriker, also auch von der Natur. Er ist erst deshalb in der Lage, sie genauer zu beschreiben. Meist aber wird sie ihm als Hintergrund für die Menschen, die er beschreibt, dienen. Letzteres ist die ausschließliche Funktion der Natur im Drama, wenn sie dort überhaupt noch in die Gestaltung einbezogen wird. Es ist typisch, daß sie in so stark lyrischen Stücken wie in denen von Tschechow (zum Beispiel *Der Kirschgarten)* noch eine relativ große Bedeutung hat, in wirklich dramatischen Stücken aber kaum mehr. Im epischen Theater und dem ihm verwandten naturalistischen Stück gewinnt die Natur gelegentlich als «Umwelt» eine soziologische Aussagefunktion *(Kaukasischer Kreidekreis; Rose Bernd)*. Sie hat aber keinen Eigenwert, sondern begründet nur teilweise den zwischenmenschlichen Bezug und dessen Voraussetzungen. In den artistischen Gattungen spielt die Natur fast gar keine Rolle mehr. Wo sie überhaupt noch einbezogen wird, wie in manchen Chansons, da geschieht es in der lyrischen Haltung und zumeist sentimental gebrochen.

VI

1 Der erste Teil dieses Kapitels (bis zum Ende der Auseinandersetzung mit Staiger) ist die überarbeitete Fassung eines Vortrages, den der Verfasser am 20. Juni 1964 in Charlottetown, Prince Edward Island, anläßlich des dritten Jahrestreffens der Canadian Association of University Teachers of German hielt. Er wurde im März 1965 im ersten Heft (Vol. I, No. 1) von *Seminar, A Journal of Germanic Studies* gedruckt und wird hier mit der freundlichen Genehmigung des Herausgebers wiedergegeben.

2 Zürich 1946; alle Zitate aus der 2. erweiterten Auflage (Zürich 1951); alle Hervorhebungen vom Verf.

3 Willi Flemming («Das Problem von Dichtungsgattung und -art», S. 39 f.) wird Staiger nicht gerecht, wenn er dessen *Grundbegriffe der Poetik* mit folgender Bemerkung abtut: «Die Grundsituation also bedeutet das Fundament aller Ausformung, ist kein hoch darüber schwebender Luftballon der Abstraktion; von ihr aus richtet sich der Blick verstehend auf die Dichtwerke, statt von ihnen fortzugleiten und sich im Gewirr der Vorstellungen und Gefühle des Aufnehmenden zu verlieren. Wollte man von hier ausgehen (wie das Emil Staiger ... tut), so käme man lediglich zu Abstraktionsvorstellungen, die noch dazu von der zufälligen Auswahl seiner Lektüre und dem jeweiligen Verstehenkönnen des Gelesenen abhängig wäre.»
Mit Flemmings mir etwas naiv vorkommenden Vorstellungen über «Grundsituationen», aus denen sich die «Grundstrukturen» der Gattungen entwickeln sollen, möchte ich meine Bemerkungen über Grundhaltungen und die Sprechsituationen nicht verwechselt wissen. Abgesehen von der Zahl der Grundbegriffe, neige ich in meinen Ansichten über ihre Art und Wirkungsweise mehr Staiger, Viëtor und Wolfgang Kayser zu.

4 Vgl. mein Buch über diese Gattung, Anm. V, 4.

5 Der Begriff «Artistik» darf nicht mit dem Gebrauch Gottfried Benns und auch nicht mit dem «Verfremdungs»-Begriff bei Brecht verwechselt werden: Insofern der artistische Künstler seine Aufmerksamkeit weitgehend vom *Stoff* auf das *Publikum* verlagert, wird er leicht zur «Virtuosität» (das heißt auf äußere Wirkung abgestellten, oft routinemäßigen Beherrschung seiner Darstellungsmittel) und zum «Konstruktivismus» (im Sinne Benns von rationaler oder spielerischer, jedenfalls aber nicht unbewußter, Gestaltung) neigen. Wo sich, wie bei Brecht, die artistische mit der pädagogischen Einstellung verbindet, wird auch die vielbesprochene «Verfremdung» (das heißt Distanzierung des Publikums vom emotionalen Gehalt des Stoffes zu Gunsten des rationalen) als Mittel genutzt werden. Grundsätzlich aber dürfen diese Begriffe nicht gegeneinander ausgewechselt werden. Das «Artistische» soll der Überbegriff bleiben und zunächst nur «Publikumsbezogenheit» meinen, die sich allerdings in den verschiedensten, oben beschriebenen Weisen gestalten kann.

6 Kurt Wölfel nimmt sich in einem guten Aufsatz «Epische Welt und satirische Welt» (in: *WW* 10, 2. 1960, S. 85 ff.) vor, «strukturelle Konstanten satirischen Erzählens, denen eine gewisse Überzeitlichkeit eigen ist» aufzuzeigen: «Ihre Einkleidung mag sich ändern, die mathematische Formel ihrer strukturellen Funktion jedoch bleibt die gleiche. Sie stellen sich, einzeln oder in ihrer Gesamtheit, mit Notwendigkeit ein, wo immer Welt satirisch gesehen, Dasein satirisch erzählt wird; denn sie gehören als konstituierende Elemente zur Gattung Satirische

Erzählung, die sich ohne ihre Mithilfe nicht realisieren kann. Deshalb müssen diese Strukturelemente, wenn sie sich in den verschiedensten Jahrhunderten begegnen, auch nicht tradiert sein in dem Sinne, der mit den Begriffen Quelle und Einfluß verbunden ist» (S. 87).

Auch Wölfel versucht nicht, seine ausgezeichneten Einzelbeobachtungen tiefer zu erklären. Dabei enthalten sie alle Elemente, die auf den artistischen Publikumsbezug hinweisen. Denn die Satire ist zweifellos eine (negativ-komisch-didaktische) Möglichkeit der Artistik. Hier einige besonders charakteristische Zitate: «Eigentliche Handlung ist der ‹schwache Punkt› der satirischen Erzählung. Ihre epischen Grundformen sind Beschreibung und Rede, nicht der Bericht ... Der Satiriker hat, um in seiner eigenen Bildersprache zu reden, an beiden Händen nur lauter Zeigefinger. Er macht jede Szene zum Tribunal, jeden Standort zur Kanzel. Der satirische Kommentator kennt kein Gespräch, nur die Ansprache und die Predigt.»

Die letzte Feststellung scheint unserer Vorstellung vom Publikumskontakt zu widersprechen, jedoch nicht in Wirklichkeit. Das Gespräch, das heißt die zwischenmenschliche Spannung, innerhalb des Kunstwerkes, die sich in Sprache äußert, ist typisch für das Drama. Der Artist redet zwar auf sein Publikum ein, versucht es zu belehren, kokettiert mit ihm, bekommt aber keine Antwort, die sich im Kunstwerk in Sprache niederschlägt, denn dann wäre ja der Adressat nicht mehr Publikum, sondern Partner. Die Sprechsituation wäre nicht mehr die des Solisten, die wir für den vierten Grundbegriff als typisch erkannt haben.

«... Nicht zufällig begegnen die Wörter Guckkasten, Raritätenkasten, Camera obscura recht häufig in Titeln satirischer Werke. Die Reihung dieser Einzelbilder ergibt die Gesamtwelt des Satirikers. Addition ist das Bauprinzip seines Erzählens. Er inszeniert das Spiel, das er auf dem Schauplatz Welt stattfinden läßt, in der Form einer Revue. Der äußere Zusammenhang der Szenenfolge wird durch die Identität des Zuschauers hergestellt; ihre innere Einheit wird gewahrt durch die Identität des ideellen Gehalts ...» (S. 94).

In diesem Zitat fand ich, lange nachdem ich meine Beobachtungen über die Vorliebe für den Revuecharakter aller mimischen und artistischen Gattungen niedergeschrieben hatte, eine unerwartete Bestätigung eigener Ansichten. Die «Identität des ideellen Gehalts» ist nur ein vornehmerer Ausdruck für den «roten Faden».

«Der Satiriker arrangiert seine Weltrevue, um mittels ihres Beispiels etwas zu demonstrieren. Wer etwas demonstrieren will, beschränkt die möglichen Aspekte einer Sache auf den einen, der ihm wichtig ist. Deshalb erlaubt der Satiriker den von ihm gezeigten Szenen niemals, eine Eigenbewegung zu entfalten ...» (S. 95).

Vielleicht können wir auch hierhin eine Erklärung für die Neigung zur relativ kurzen Form erblicken?

«Die Wochenschriften, in welchen das schreibselige Moralisieren des Jahrhunderts eine nie mehr erreichte Fülle moralistischen Schrifttums produziert, zeigen sehr deutlich, wie die Satire sich entschärft, verharmlost und schließlich mehr und mehr übergeht in sentimentale Moralistik ... Alle die sentimentalen Reisenden, Spaziergänger und Nichtstuer sind die genauen Nachkommen der satirischen Weltbeobachter; die Stationen ihres Weges werden als Episodenfolge gereiht, die Addition ist Kompositionsprinzip, die Raumgestaltung ist die des satirischen Erzählens, in der beliebten empfindenden Predigt oder Apostrophe erkennt man sofort den satirischen Kommentar wieder ...»

Uns verwundert das nicht, da auch die Sentimentalität eine Ausformung des Artistischen ist, ja alles unechte Gefühl nur in Hinsicht auf ein Publikum sinnvoll sein kann.

7 W. Kayser (Das sprachliche Kunstwerk, S. 336): «Man hat neuerdings selbst die Kennzeichnung der Lyrik als ‹subjektiv› angegriffen. Nicht ohne Grund, denn der Begriff des Subjektiven lenkt immer noch die Aufmerksamkeit auf das Subjekt, auf das reale Subjekt des Sprechenden vielleicht, das als solches überhaupt nicht zum lyrischen Werk gehört. Und schließlich verdunkelt der Begriff, daß es auch im Lyrischen nicht an Gegenständlichkeit fehlt — schon weil die Dichtung die Situation schaffen muß, aus der heraus kundgegeben wird. Aber die Gegenständlichkeit ist im Lyrischen nicht bloße Basis für subjektive Kundgabe. Sie bleibt nicht starr gegenüber: im Lyrischen fließen Welt und Ich zusammen, durchdringen sich, und das in der Erregtheit einer Stimmung, die nun das eigentlich Sich-Aussprechende ist. Das Seelische durchtränkt die Gegenständlichkeit, und diese verinnert sich. Die ‹Verinnerung› alles Gegenständlichen in dieser momentanen Erregung ist das Wesen des Lyrischen. (Wir ziehen den Ausdruck ‹Verinnerung› dem von E. Staiger gewählten der ‹Erinnerung› vor, schon um allen zeitlichen Nebensinn auszuschließen.) Aus dem Wesen des Lyrischen erklärt sich jene Unschärfe der Konturen, jene Lockerheit der ‹Sachverhalte› und Unfestigkeit der Sätze, andererseits die starke Wirksamkeit von Vers, Klang und Rhythmus, die alle lyrische Sprache gegenüber der epischen und dramatischen kennzeichnen. Der Vollzug der Verinnerung in der Erregung ist der lyrische Vorgang.»

8 Die wichtigsten Orientierungspunkte der Grundhaltungen liegen bei der lyrischen im eigenen Gefühl, der Innenwelt des Dichters — bei der epischen in der Realität, der Außenwelt — bei der dramatischen in der immanenten spannungsvollen Handlungsstruktur des Kunstwerkes selbst — und schließlich bei der artistischen im Publikum (im weitesten Sinn verstanden).

Willi Flemming verwechselt, wie so viele andere, die Voraussetzungen der Gattungen mit den Grundbegriffen, wenn er feststellt: «Es gibt ohne den Erzähler mithin keine Epik; ebenso wie keine Dramatik ohne das Schauspiel der Mimen möglich ist.» *(Epik und Dramatik,* S. 12) und von dieser Binsenwahrheit ableitet, daß man den Erzähler in der typischen Epik immer im direkten Bezug zum Publikum erleben werde. Als ob der Erzähler nicht häufig völlig hinter seiner Figurenwelt verschwände.

Dem widerspricht auch W. Kayser *(Vortragsreise,* S. 97): «Vom ‹täglichen Leben› läßt sich das nicht verstehen. Es führt kein Weg, sondern nur ein Sprung von da in den Bereich der Kunst, die ihre eigenen Ordnungen hat. Wir müssen es endgültig aufgeben, den Erzähler des Romans an dem Bilde des im Sessel sitzenden Großvaters zu messen.»

Alle Beispiele, die Flemming gibt (S. 11), scheinen uns entweder Spiegelungen der artistischen Grundhaltung – oder überhaupt nicht zu passen. Wenn, wie im Rahmen von Boccaccios Dekameron oder Goethes Auswanderergeschichten, die Erzählungen aus ihrer absoluten Vereinzelung herausgenommen und in eine fest umschriebene historischsoziale Situation gesetzt werden, so haben wir darin zweifellos ein episches Element zu erblicken, das etwa Brechts Rahmenhandlung für den *Kaukasischen Kreidekreis* ähnelt. Insofern sich die Kontaktsituation: Erzähler-Publikum spiegelt, werden wir an den artistischen Bezug erinnert – er wird aber nicht wirklich (das heißt zwischen Erzähler und wirklichem Publikum) hergestellt. Wenn Homer vor dem Erzählen die Muse anruft, haben wir darin entweder eine Form des Gebetes zu erblicken oder eine Art Beglaubigungsakt vor seinem vorgestellten Publikum, und nur darin eventuell ein artistisches Element. Letzteres würde aber zum Geist der großen Epen nicht passen.

Aber die zweite Musenanrufung zu Beginn des Schiffskatalogs im 2. Gesang der *Ilias* sollte nicht mit einem Seitenblick auf das Publikum verfaßt worden sein?

Sagt mir anitzt, ihr Musen, olympische Höhen bewohnend,
Denn ihr seid Göttinen und wart bei allem und wißt es;
Unser Wissen ist nichts, wir horchen allein dem Gerüchte:
Welche waren die Fürsten der Danaer und die Gebieter?

Zumindest die dritte Zeile wäre doch, ausschließlich an die Musen gerichtet, ziemlich überflüssig!

9 Wir müssen also dem bekannten Goethezitat zweimal widersprechen: «Es gibt nur drei echte Naturformen der Poesie: die klar erzählende, die enthusiastisch aufgeregte und die persönlich handelnde: Epos, Lyrik und Drama. Diese drei Dichtweisen können zusammen oder abgesondert wirken». *(Noten und Abhandlungen zum Divan, JA. 5, 223.*

Sechstes Kapitel

Man vergleiche auch, was Goethe in seiner Besprechung von Manzonis *Adelchi* im Anschluß an die Divan-Stelle sagt: *JA. 38, 66.*) Es gibt nicht nur mehr als drei; sie können auch nicht «abgesondert wirken». Die Unklarheit entsteht, weil Grundhaltung und Gattung nicht säuberlich unterschieden werden. Bis zum zweiten Doppelpunkt haben wir den Eindruck, Goethe spräche tatsächlich von dichterischen Grundhaltungen. Dann aber werden zwei Gattungen (Epos und Drama) und ein Grundbegriff (Lyrik) aufgezählt. Im letzten Satz wird wiederum das Wort «Dichtweisen» verwendet, das auf Grundhaltungen weist. Daß diese nicht «abgesondert wirken» können, hätte Goethe schon auffallen können, wenn er seine Beobachtungen an der Ballade auf die anderen Gattungen übertragen hätte.

Wie eng aber diese Grundhaltungen sich im einzelnen Kunstwerk verbinden können, zeigt er eindrucksvoll am Beispiel des «modernen Improvisators auf öffentlichen Märkten, der einen geschichtlichen Gegenstand behandelt», also wohl des Bänkelsängers: Dieser muß «um deutlich zu sein, erst erzählen, dann, um Interesse zu erregen, als handelnde Person sprechen, zuletzt enthusiastisch auflodern und die Gemüter hinreißen». Damit zeichnet er die Grundsituation des Rhapsoden — und letztlich jedes erzählenden Dichters.

Eines der schwierigsten Probleme der Gattungspoetik stellt uns die Abgrenzung der zuvor besprochenen Begriffe von anderen, die ihnen nahe verwandt zu sein scheinen. Neben die Begriffsreihe «lyrisch-das Lyrische-Lyrik-(Gedankenlyrik)- lyrisches Gedicht» kann man ähnliche stellen:

tragisch-das Tragische-Tragik(tragische Literatur)-Tragödie;
komisch-das Komische-Komik(komische Literatur)-Komödie;
grotesk-das Groteske-groteske Literatur- die Groteske;
satirisch-das Satirische-Satire(satirische Literatur)-die Satire.

Daß sich diese Reihen nicht in jedem Glied genau entsprechen, ist kein Argument gegen ihre Vergleichbarkeit. Bei anderen fehlen sogar entscheidende Glieder:

parodierend (?)-das Parodistische (?)-parodistische Literatur- Parodie;
travestierend (?)-das Travestierende (?)- travestierende Literatur-Travestie;
absurd-das Absurde-absurde Literatur- (?);
humoristisch-das Humoristische-humoristische Literatur- Humoreske (?).

Dürfen wir hier von poetischen Grundbegriffen sprechen, im gleichen Sinne wie bei Lyrik, Epik und Dramatik? Wenn nicht, wo liegen die Unterschiede?

Nur Vorläufiges läßt sich hier schon sagen: Man kann nicht behaupten, daß die poetischen Grundhaltungen sich mehr darauf beziehen, *wie* der Mensch die Welt erlebt und in der Kunst gestaltet, während die

anderen Begriffe beschreiben sollen, *was* erlebt und gestaltet wird. Das
ließe sich allenfalls für das Komische und Tragische geltend machen,
nicht aber für das Satirische, das Parodierende und das Travestierende.
(Die letzteren drei Einstellungen scheinen vielmehr der publikumsbezogenen Grundhaltung besonders nahe zu stehen.) Besonders am
Grotesken und am Humoristischen wird uns schnell klar, daß diese
Begriffe alle (das Tragische und Komische eingeschlossen) mehr oder
weniger scharf aussagen, *wie* der Mensch die Welt erlebt und gestaltet.
Dieses *Wie* aber bezieht sich auf den Gehalt des Erlebens – nicht
auf die Gestalt. Anders ausgedrückt: Die schwer einzuordnenden Kategorien sagen zwar nichts darüber aus, welchen Inhalten der Mensch in
der Welt begegnet, wohl aber darüber, wie er sie auffaßt, sieht und
bewertet (zum Beispiel tragisch, komisch, humoristisch usw.). Die
eigentlichen poetischen Kategorien beschreiben darüber hinaus, wie dieses Erleben abläuft und gestaltet wird (lyrisch, episch, dramatisch oder
publikumsbezogen). Daß diese Begriffe schwer voneinander zu tren-
nen sind, entspricht dem zuvor angedeuteten Charakter geisteswissenschaftlicher Kategorien. Sie beziehen sich alle auf das menschliche Erleben, dies aber ist nun einmal komplex. Weder im menschlichen Erleben noch in der Dichtung kommen die hier künstlich getrennten
Begriffe isoliert vor: Tragik kann lyrisch oder auch dramatisch erlebt
werden (zum Beispiel in Elegie und Tragödie) – nie aber im luftleeren
Raum. Ebenso kann Komik episch, dramatisch und vielleicht sogar
lyrisch gestaltet werden (im komischen Epos, in der Komödie oder in
sogenannter «Schmunzellyrik»). Die poetischen Grund*haltungen* sind
also das Medium, durch das die Grund*erlebnisse* erfahren und gestaltet
werden. (Parodie und Travestie sind mehr als technische Gestaltungs-
möglichkeiten des ironischen Grunderlebens zu betrachten, und zwar
meist in publikumsbezogener Grundhaltung.)
Die Zusammenhänge werden aber dadurch noch komplizierter, daß
die «Grunderlebensweisen» sich im konkreten Sprachkunstwerk unter-
einander ebenso verbinden können, wie die Grundhaltungen. (In einer
Tragödie wird man also nicht *nur* tragische Elemente finden und in
einer Komödie nicht *nur* komische. Außerdem verbinden sie sich, wie
gesagt, mit den Grundhaltungen, die ebenfalls niemals rein und unver-
mischt vorkommen.)
Gleichzeitig beobachten wir hier wiederum, daß sich bestimmte Erlebnisse in bestimmten Strukturen besonders gut ausdrücken und gestalten lassen, wie am häufigen Auftreten des tragischen Erlebens in der
dramatischen Grundhaltung (Tragödie) sichtbar wird.
Die Welt kann also *vorwiegend* komisch, tragisch, grotesk, absurd usw.
erlebt werden, und zwar in *vorwiegend* lyrischer, epischer, dramatischer oder publikumsbezogener Grundhaltung. Wenn das komische

Welterleben mit epischer Distanz gestaltet wird, sprechen wir von humoristischer Kunst. Wenn es sich in Hinsicht auf ein verstehendes Publikum verschlüsselt (der Doppelsinn: das Eigentliche wird hinter dem Gegenteil versteckt), sprechen wir von Ironie. Wenn die Verschlüsselung durch eine Entfremdung von Gehalt und Gestalt erreicht wird, sprechen wir von Travestie oder Parodie, je nachdem, welcher Teil verändert wurde.

Daß die drei (oder vier) poetischen Grundkategorien mit ihren zugehörigen Begriffen trotz aller «fließenden Übergänge» qualitativ etwas anderes sind als die zuletzt besprochenen, kann man vielleicht auch am letzten Glied der oben verglichenen Reihen ablesen. Wenn man das lyrische Lied, das Drama und etwa das Epos (oder den Roman) als «Hauptgattungen» der drei ersten Grundhaltungen mit Parodie, Travestie, Humoreske und selbst Tragödie und Komödie vergleicht, fällt auf, daß die letzteren nur dem Gehalt nach zu definieren sind, die ersteren aber auch nach der Gestalt (Tragödie und Komödie haben ja die Gestalteigenschaften des Dramas). Diese Beobachtung paßt durchaus zu unserer ersten Feststellung, daß die lyrischen, epischen und dramatischen Kategorien zwar ebenso im Menschlich-Psychologischen begründet sind wie die anderen vergleichbaren Begriffe der Geisteswissenschaft, daß sie aber zugleich dem eigentlich literarischen Bereich näher stehen, indem sie sich mehr auf Verlauf und Gestaltung des menschlichen Erlebens beziehen als auf dieses selbst.

10 Vgl. mit diesem Schema Julius Petersens Darstellung der Grundbegriffe im Dreieck, die ihm folgende Definition ermöglicht:
«Epos: monologischer Bericht einer Handlung
Lyrik: monologische Darstellung eines Zustandes
Drama: dialogische Darstellung einer Handlung,
und seine Anordnung der Gattungen in drei konzentrischen Kreisen. Dieser Ordnungsversuch läßt sich in so vielen Punkten angreifen, daß ich hier lieber ganz darauf verzichte.» (*Die Wissenschaft von der Dichtung I*, Berlin 1939, S. 119–126, zuvor als Aufsatz: «Zur Lehre von den Dichtungsgattungen», in: *Festschrift für Sauer*, 1925/26, S. 72 ff.).

11 Vgl. E. Wilkinsons Besprechung des Buches in *MLR*, Nr. 44 (1949), S. 433–437.

12 Nach allen Beschreibungen des asiatischen Theaters, die ich kenne, scheint mir dieses viel stärker von der artistischen Grundhaltung überformt zu sein als von der dramatischen.

13 Schärfste Kritik würden meine Ausführungen wahrscheinlich von J. Müller («Zur Frage der Gattungen», in: *NDL* 4, H. 10, 1956, S. 141–143) erfahren, der den Unterschied zwischen «hoher» Literatur und «vordichterischen literarischen Formen» stark betont und deshalb von den drei herkömmlichen Grundbegriffen alles ausschließen

will, was seinem «Qualitätsbegriff des Dichterischen» nicht entspricht. Zweifellos gibt es mehr und weniger entwickelte, differenzierte, komplexe Gattungen, wie Jolles durch seine Beschreibung der «einfachen Formen» schon gezeigt hat. Es scheint mir aber nicht logisch, einen «Wertbegriff» als Unterscheidungskategorie für Gattungen anzuwenden, da man sonst ja die Romane der Courths-Mahler nicht mehr als *Romane* bezeichnen dürfte. Auch Müllers Einwand, daß man zum Beispiel das Didaktische nicht mit den drei anderen Grundbegriffen vergleichen dürfe, da es sich mit allen diesen verbinden könne, ist unberechtigt, da sich ja alle Grundhaltungen im Kunstwerk miteinander verbinden können – und müssen.

14 Eine interessante Ableitung der epischen Gattungscharakteristik aus der Vortragssituation bietet Willi Flemming (a. a. O., S. 132).

15 Willi Flemming: «Das Prinzip der epischen Spannung ist Anregung; das des Dramas Aufregung» (a. a. O., S. 45).

16 Das Artistische wird sich im Drama besonders im Prolog und Epilog konzentrieren, falls diese vorhanden sind, weil hier die trennende Funktion der Rampe überwunden und das Publikum durch Autor oder Schauspieler direkt angesprochen wird.

17 Das eigentlich dramatische Element des Dramas ist also der Dialog. Der Monolog steht mehr den anderen drei Grundhaltungen offen: er kann das Gefäß für lyrische Gefühlsäußerung sein; er kann als «Botenbericht» einen Teil der Handlung episch erzählen; er kann aber auch der Zwiesprache mit dem Publikum dienen.
Gustav Freytag *(Technik des Dramas,* Leipzig 1876, S. 191) bemerkte bereits ganz richtig: «Am nächsten den Monologen stehen die Botenberichte unserer Bühne. Wie jene das Lyrische, so vertreten sie das epische Element.»

18 Das «historische Abstandnehmen», die soziologische Sehweise und Exemplifikation in Piscators und Brechts Theater sind zweifellos ein episches Element. Aber das Einwirken auf die Zuschauer, der direkte didaktische Bezug, die politische Aktion sind artistisch. – Peter Szondi hat gut gezeigt, was etwa an Tschechows Dramen undramatisch (lyrisch) – und auch, was an Hauptmanns *Webern* episch ist. *(Theorie des modernen Dramas,* 1959.)

19 Die rhetorischen Kategorien und Regeln sind ja zumeist «artistische», indem sie sich mit der Einwirkung auf ein Publikum befassen. «Rhetorik» meint darum eigentlich die in der Form der Rede verwirklichte artistische Grundhaltung.

20 Ich stelle noch einmal die möglichen Einwände, die man gegen die vierte Grundhaltung vorbringen wird, zusammen und füge meine Antwort hinzu:
1. Die ersten drei Grundhaltungen hat es immer gegeben. Wenn es

eine weitere, vergleichbare gäbe, hätte man diese sicher schon entdeckt und beschrieben.

Antwort: Es hat immer alle vier Grundhaltungen gegeben! Die vierte ist bereits undeutlich gesehen worden. Daß sie noch nicht als solche beschrieben und in das System einbezogen wurde, beweist nichts. Vergessen wir nicht, wie spät sich das ganze System entwickelt hat und wie abhängig es immer von den Erfahrungsvoraussetzungen war!

2. Die artistische Grundhaltung liegt auf ganz anderer Ebene als die anderen drei.

Antwort: Alle vier Grundhaltungen liegen auf verschiedenen Ebenen, wie Staiger bereits für die ersten drei einleuchtend gezeigt hat. Ich habe versucht, das auch für die vierte Grundhaltung zu zeigen, indem ich sie in Staigers Begriffssystem integriert habe (Tabelle).

3. Die artistische Grundhaltung wirkt sich mehr auf die Form und Darbietung aus, die anderen drei mehr auf den Gehalt.

Antwort: Das Wort «artistisch» darf nicht im Sinne Benns verstanden werden. (Vgl. meine Abgrenzung!) Es meint zuerst nur publikumsbezogen. Alle vier Grundhaltungen wirken sich sowohl auf Gehalt wie Gestalt aus, wie ich im Schlußkapitel am Beispiel der Länge und Struktur von Sprachkunstwerken zu zeigen suche. Auch im Interpretationskapitel habe ich genügend Illustrationen dieser Tatsache gegeben.

4. Das Artistische kommt in allen drei Grundhaltungen vor. Wie kann es dann selber eine Grundhaltung sein?

Antwort: *Jede* der drei herkömmlichen Grundhaltungen wirkt sich in allen Gattungen aus, wie ich im Interpretationskapitel gezeigt habe. Daß die artistische das ebenfalls tut, ist eben ein Beweis ihrer Gleichberechtigung mit den anderen drei.

5. Die drei alten Grundhaltungen haben ihre entsprechenden Gruppen und Vertreter:

Lyrik	Epik	Dramatik	und
Lyriker	Epiker	Dramatiker.	

Wo gibt es eine Entsprechung für den Publikumsbezug?

Antwort: Auch da gibt es in der Sache keine Unterschiede. Daß wir uns an die Namen noch nicht gewöhnt haben, beweist nichts, gibt höchstens einen Hinweis auf die nachschleppende Entwicklung unseres Begriffssystems. (Die Begriffe «Dramatik» und «Dramatiker» sind auch noch nicht so geläufig wie die übrigen.)

Es ist aber gezeigt worden, daß

a) alle vier Grundhaltungen in jeder Dichtung wirksam sein können,

b) alle vier Grundhaltungen Kunstwerke der anderen drei Bereiche «überformen» können (Beispiel: die «dramatische» Prosa Kleists, die «lyrische» Prosa Arnims, die «artistische» Prosa Thomas Manns und Wielánds; die «lyrische» Lyrik Goethes, die «lyrische» Dramatik Tschechows, die «didaktische» Lyrik Kästners oder Tucholskys, die «didaktische» Dramatik Brechts usw.),

c) alle vier Grundhaltungen ihre eigenen repräsentativen Gattungen besitzen, die sie dominieren; für die Artistik sind dies die Rhetorik, Didaktik und vor allem die Vortragsdichtung.

INTERNATIONALES LITERATURVERZEICHNIS
ZUR ALLGEMEINEN GATTUNGSPOETIK

Hier werden nur Werke aufgeführt, die entweder allgemeine Probleme der Gattungspoetik behandeln oder mehrere Gattungen zugleich beschreiben. (Eine großangelegte Bibliographie, die auch die internationale Literatur zu allen *einzelnen* [bisher beschriebenen] Gattungen, Arten und Typen umfaßt, befindet sich vom selben Verf. in Vorbereitung.)

Obwohl versucht wird, alle wesentlichen Werke auf dem Gebiet der Gattungs- und Fundamentalpoetik zu erfassen, mußten doch, wegen der großen Menge der Publikationen, Schwerpunkte gesetzt werden. So wurde die Zeit seit 1945 ausführlicher berücksichtigt, andrerseits wurden nur die wichtigsten Zeitschriftenartikel, die vor dem Kriegsende erschienen sind, hier aufgenommen.

Ein besonders ausführliches, alphabetisch gegliedertes Verzeichnis des Schrifttums über *Die Lehre von der Einteilung der Dichtkunst, vornehmlich vom 16. bis 19. Jahrhundert* gibt Irene Behrens (Halle 1940). Da die vorliegende Bibliographie den Schwerpunkt im 20. Jh. setzt, können sich beide gut ergänzen. (Über Sonderfragen im Zusammenhang mit den einzelnen Gattungen sollten außerdem immer die entsprechenden Artikel im «Reallexikon» und im «Aufriß» sowie in den kleineren hier genannten Lexika befragt werden.)

Sodann wird die deutsche Literatur, die von jeher den größten Beitrag zur fundamentalpoetischen Diskussion geleistet hat, etwas eingehender berücksichtigt als die anderen Literaturen, und zwar schon deshalb, weil es dem Verf. hier leichter möglich war, kleinere Arbeiten zu erfassen und zu beurteilen.

Um den Umfang der Bibliographie nicht auf das Doppelte anschwellen zu lassen, mußten hinter Zeitschriftenartikeln die bekannten Abkürzungen der PMLA-Bibliographie angeführt werden.

Es bleibt hinzuzufügen, daß eine Einteilung nach Primär- und Sekundärliteratur hier völlig sinnlos gewesen wäre, weil die meisten Autoren Referat mit eigenen Ansichten mischen.

Auf Werke, die im Anhang noch weitere Literaturangaben bringen, wurde in Klammern (Bibliogr.) hingewiesen.

Trotz notwendiger Einschränkungen dürfte diese Auswahl die bisher vollständigste Zusammenfassung des internationalen Schrifttums zur allgemeinen Gattungspoetik darstellen.

Der Verf. hofft, daß sie dem Interessierten von Nutzen sein wird.

LITERARISCHE LEXIKA UND SAMMELWERKE

Abrams, M. H.: *Glossary of Literary Terms.* 1965
Beckson/Ganz: *A Readers Guide to Literary Forms.* 1960
Benét, W. R.: *The Readers Encyclopedia.* 1948, ²1965
Bornhak, G.: *Lexikon der allg. Literatur.* 1882
Braak, I.: *Poetik in Stichworten.* 1965
Duffy/Pettit: *A Dictionary of Literary Terms.* 1951
Friedrich/Killy (Hrsg.): *Literatur.* (Das Fischer-Lexikon, Bd. 34, 35/I und 35/II) 1964/1965
Hoffstaetter/Peters.: *Sachwörterbuch der Deutschkunde.* 1930
Hornstein/Brown/Percy: *The Readers Companion to World Literature.* 1956
Kayser, W. (Hrsg.): *Kleines liter. Lexikon.* (Slg. Dalp 15/17) ²1951 (Neubearb.: Bd. 3 *Sachbegriffe*, hrsg. v. H. Rüdiger u. E. Koppen, 1966)
Kindermann/Dietrich: *Lexikon der Weltliteratur.* 1950
Kosch, W.: *Deutsches Literaturlexikon*, 2. Aufl., 4 Bde. 1949/58, 3. Auflage hrsg. v. B. Berger u. H. Rupp, 1968 ff.
Lexikon der Weltliteratur im 20. Jahrhundert, 2 Bde. 1960 f.
Loane, G. G.: *A Short Handbook of Literary Terms.* 1923
Morier, M.: *Dictionnaire de poétique et de rhétorique.* 1961
Pongs, H.: *Das kl. Lexikon d. Weltliteratur.* 1958
Reallexikon der deutschen Literaturgeschichte. Hrsg. v. P. Merker u. W. Stammler, 4 Bde. 1925–31. 2. Aufl. hrsg. v. W. Kohlschmidt u. W. Mohr. 1957 ff.
Röhl, H.: *Wörterbuch zur dt. Literatur.* 1921
Shipley, J. T. (Hrsg.): *Dictionary of World Literature.* 1943 u. ö.
– *Encyclopedia of Literature.* 1946
Stammler, W. (Hrsg.): *Deutsche Philologie im Aufriß.* 1951 ff., ²1957 ff.
Thrall/Hibbard/Holman: *A Handbook to Literature.* 1936, ²1960
Wilpert, G. von: *Sachwörterbuch der Literatur.* (Kröners Taschenausg. 231) 1955
Yelland/Jones/Easton: *A Handbook of Literary Terms.* 1950

Internationales Literaturverzeichnis

BÜCHER UND ARTIKEL ÜBER GATTUNGSPOETIK ALLGEMEIN UND ÜBER DAS WESEN MEHRERER GATTUNGEN

Alewyn, R. (Hrsg.): *Gestaltprobleme der Dichtung.* 1957
Alleman, B.: *Ironie und Dichtung.* 1956
— Ironie. ²*Reall.* I, 756–61, 1957
Anceschi, L.: A Debate on Literary Types. *JAAC* XIV, 324–32, 1958
André, P.: *Essay sur le Beau.* 1711
Arnold, M.: *Complete Prose Works:* Lectures and Essays in Criticism. 1960
Artega: *De la belleza ideal.* 1789
Atkins, J. W. H.: *Literary Criticism in Antiquity.* 1934

Babbitt, I.: *The New Laokoon. 1910*
Babinger, F.: Orient und deutsche Literatur. *Aufr.* III, 321–44, 1957
Baldwin, Ch. S.: *Ancient Rhetoric and Poetic.* 1924
— *Medieval Rhetoric and Poetic.* 1928
Bates, R.: A Note on Sentimentality. *DR* XLI, 215–21, 1961
Batteux, Abbé: *Les Beaux-Arts réduits a un même principe.* 1746
— *Principes de la Littérature.* 1764
— *Les Quatre Poétiques.* 1771
Battisti, E.: Comedia y tragedia. *RIE* XVI, 117–23, 1958
Baumgart, H.: *Handbuch der Poetik.* 1887
Baumgarten, A. G.: *Ästhetik.* 1750/58
Bebermayer, G.: Literatur und bildende Kunst. ²*Reall.* II, 82–103, 1959
— Narrenliteratur. ²*Reall.* II, 592–98, 1959
Behrens, I.: *Die Lehre von der Einteilung der Dichtkunst.* (Beihefte z. Zeitschrift f. Roman. Philol. XCII) 1940
Beinlich, A. (Hrsg.): *Handbuch des Deutschunterrichts.* o. J.
Du Bellay, J.: *Défense et Illustration.* 1549
Bense, M.: Klassifikation in der Literaturtheorie. *Augenblick* III, 4–16, 1958
Berger, A. v.: *Studien und Kritiken.* (S. 250 f.) ²1900
Berger, K.: Die Dichtung im Zusammenhang der Künste. *DVJS* 21, 229–51, 1943
Beriger, L.: *Die literarische Wertung.* (S. 88 ff.) 1938
— Gattung, Form und Wert. *Helicon* II, 97–98, 1940
— Poesie und Prosa. *DVJS* 21, 133–60, 1943
Besenbruch, W.: *Zum Problem des Typischen in der Kunst.* 1956
Bieber, H.: *J. A. Schlegels poet. Theorie in ihrem histor. Zusammenhange untersucht.* (Palaestra CXIV) 1912
Bilsky, M.: The Fallacy of Formalist Aesthetics. *WS* XX, 29–34, 1956
Blackmur, R. P.: Between the Neumen and the Moha. *SR* LXII, 2–23, 1954
Blair, H.: *Lectures on Rhetoric and Belles Lettres.* 1783

Internationales Literaturverzeichnis

Bloom/Philbrick/Blistein: *The Order of Poetry.* 1961

Böckh, A.: *Encyklopädie und Methodologie der Philologischen Wissen-schaften.* 1877

Boeckh, J. G.: Literaturforschung vor neuen Aufgaben. *NDL* 8, 1956

Böckmann, P.: *Formgeschichte der deutschen Dichtung.* I, 1949, ²1965

— Die Lehre von Wesen und Formen der Dichtung. *Petsch-Gedächtnis-schrift*, 13–30, 1949

Boileau, N.: *Art Poétique.* 1674

Bonnet, H.: *Roman et poésie, essay sur l'esthétique des genres.* 1951

Borinski, K.: *Die Poetik der Renaissance.* 1886

— *Die Antike in Poetik und Kunsttheorie.* I, 1914

Bovet, E.: *Lyrisme, Epopée, Drame: Une loi de l'histoire littéraire expli-quée par l'évolution générale.* 1911

Braitmaier, F.: *Geschichte der poetischen Theorie und Kritik.* 1889

Bray, R.: *La formation de la doctrine classique en France.* 1927, ²1931

Brecht, B.: *Schriften zum Theater.* (Kleines Organon etc.) 1957

Breitinger, H.: *Kritische Dichtkunst.* 1740

Brinkmann, H.: *Zu Wesen und Form mittelalterl. Dichtung.* 1928

Brooks, Cl.: Implication of an Organic Theory of Poetry. B.: *Literature and Belief* 1, 53–79, 1958

Browne, E. G.: *A Literary History of Persia.* 1902–06

Brunecker, I.: *Allgemeingültigkeit oder historische Bedingtheit der poe-tischen Gattungen ... herausgearbeitet an Dilthey, Unger und Staiger.* Diss. Kiel 1954

Brunetière, F.: *L'évolution des genres.* 1890

— *La doctrine évolutive et l'histoire de la littérature* (Etudes critiques sur l'histoire de la littérature française; 6e série) 1899

Burke, E.: *The Sublime and the Beautiful.* 1756

Burke, K.: *Poetic Categories, Attitudes towards History.* I (p. 41–119), 1937

— *The Philosophy of Literary Forms.* 1941

Busch, U.: Erzählen, behaupten, dichten. *WW* 12, 217–23, 1962

Carrière, M.: *Beitrag zur Philosophie des Schönen: das Wesen und die Formen der Poesie.* 1854

Cascales, F.: *Tables poéticas.* 1617

Cassirer, E.: *Philosophie der symbolischen Formen.* I: *Die Sprache.* 1923

— *Goethe und die geschichtliche Welt.* (S. 27 ff.) 1932

Castelvetro: *Kommentar zu Aristoteles.* 1570

Chenier, A.: *L'invention.* (Oeuvres complètes) Paris 1926 ff.

Cohen, G.: L'origine médiévale des genres littéraires modernes. *Helicon* II, 129–35, 1940

3e Congrès international d'histoire littéraire (Lyon 1939), Actes *Helicon* 2, 1940

Internationales Literaturverzeichnis

Cooper, L.: *The Poetics of Aristotle, its Meaning and Influence.* 1927
- *Aristotle on the Art of Poetry: an Amplified Version with Suppl. Illustrations.* 1962
Crane, R. S. (ed.): *Critics and Criticism, Ancient an Modern.* (Darin: Elder Olson, An Outline of Poetic Theory.) 1952
Croce, B.: *Estetica II, XIX, 2: La Poesia.* ⁵1953
Curtius, E. R.: *Ferdinand Brunetière.* 1914
- Bespr. von W. F. Patterson: Three Centuries of French Poetic Theory. *Literaturblatt f. germ. u. roman. Philologie,* 5–6, 1937
- Zur Literaturästhetik des Mittelalters. *Z. R. Ph.* 1938
Cysarz, H.: Die gattungsmäßigen Form-Möglichkeiten der heutigen Prosa. *Helicon* II, 169–80, 1940
- Naive und sentimentalische Dichtung. ²*Reall.* II, 589–92

Dallas, E. S.: *Poetics, An Essay on Poetry* (p. 81, 91, 105) 1852
D'Alton, J. F.: *Roman Literary Theory and Criticism.* 1931
Damman, E.: Die Dichtung der Afrikaner. *Univ.* XII, 945–55, 1957
Daniello, B.: *Poetica.* 1536
Dessoir, M.: *Ästhetik u. allg. Kunstwissenschaft.* 1906, ²1923
- *Die Kunstformen der Philosophie.* Universitätsrede 1928
Diderot, D.: *Encyclopédie.* 1780
- *Sur le Beau.* 1751
Donohue, J. J.: *The Theory of Literary Kinds: I. Ancient Classifications of Literature, II. The Ancient Classes of Poetry.* 1943/49
Dreiser, O.: Der Ursprung des Harlekin. *Fschgn MLitg.* 25, 1904

Ehrenpreis, I.: *The «Types» Approach to Literature.* 1945
Ellinger/Ristow: Neulat. Dichtung. ²*Reall.* II, 620–45, 1959
Elster, E.: *Prinzipien d. Literaturwissenschaft.* 2 Bde. 1897/1911
Engel, J. J.: Fragmente über Handlung, Gespräch und Erzählung. *(Schriften* Bd. 4, S. 101–266) 1774
Emrich, B.: Literatur u. Geschichte. ²*Reall.* II, 111–43, 1959
Eppelsheimer, H. W.: *Handbuch der Weltliteratur.* ³1960
Ermatinger, E.: Das Gesetz in der Literaturwissenschaft. *(Philosophie der Literaturwissenschaft)* 1930
Ernst, F.: *Die romantische Ironie.* Diss. Zürich 1915
Ernst, P.: *Der Weg zur Form.* Aufsätze. 1928
Erskine, J.: *The Kinds of Poetry.* (S. 3–42) 1920

Flemming, W.: Epos und Drama. *ZfÄsth.* 9, 132–79, 1914
- *Epik und Dramatik.* 1925, ²1955
- Das Problem von Dichtungsgattungen und -art. *SG* XII, 38–60, 1959
- Betrachtungen zur Seinsweise von Theater, Drama und Buch. (Fuchs, A., ed.: *Stoffe, Formen, Strukturen* 33–42) 1962

Flemming, W.: *Bausteine zur systematischen Literaturwissenschaft* (Dt. Studien 1) 1965

Fonagy, I.: Communication in Poetry. *Word* XVII 194–218, 1961

Fontane, Th.: Beitr. über Roman u. Theater. *(Werke)* 1911 ff., 1959 ff.

Friedemann, K.: Die romantische Ironie. *Zf. f. Ästh.* 13, 270–82, 1919

Friedmann, H.: *Die Welt der Formen.* [2]1930

Fubini, M.: *Genesi e storia dei generi letterari.* 1948

Galdi, L.: La penetrazione dei generi in una letteratura nascente. *Helicon* IV, 55–64, 1942

Garvin, P. (tr.): *A Prague School Reader on Esthetics, Literary Structure and Style.* 1964

Glockner, H.: Philosophie und Dichtung; Typen ihrer Wechselwirkung von den Griechen bis auf Hegel. *ZfÄsth. u. Kunstw.* 15, 187–204, 1921

Goethe, J. W.: Brief an Schiller vom 13. 12. 1797

– Plan eines lyrischen Volksbuches. 1808

– Noten und Abhandlungen zum westöstlichen Divan. («Besserem Verständnis»)

– Über das Lehrgedicht

– Über «Des Knaben Wunderhorn»

– *Schriften z. Lit. u. zur Kunst.* Bde 6 und 12

Gottsched, J.: *Kritische Dichtkunst.* 1730

Grabowski, T.: La question des genres littéraires dans l'étude contemporaine polonaise de la littérature. *Helicon* II, 211–16, 1939

Gracián, B.: *Agudeza y Arte de Ingenio.* 1648

Gravina, G. V.: *Region poética.* 1708

Guérard, A.: *Introduction to World Literature.* (Chapter XI, The Theory of Literary Genres) 1940

Hack, R. H.: *The Doctrine of the Literary Forms.* 1916

Hall, V.: *Renaissance Literary Criticism.* 1945

Hamburger, K.: *Die Logik der Dichtung.* 1957

– Noch einmal: Vom Erzählen. Versuch einer Klärung. *Euphorion* LIX, 46–71, 1965 (dazu H. Seidler in *DVJS,* 1955)

Hammitzsch, H.: Ostasien und die deutsche Literatur. [2]*Aufriß* III, 355–66, 1957

Hankiss, J.: Les genres littéraires et leur base psychologique. *Helicon* II, 117–29, 1939

– Les Ressorts Psychologiques du Groupement des Genres Littéraires. *Helicon* II, 95–96, 1940

Hardison, O. B. Jr.: *The Enduring Moment; A Study of the Idea of Praise in Renaissance Literary Theory and Practice.* 1962

Hartl, R.: *Versuch einer psychologischen Grundlegung der Dichtungsgattungen.* 1924

Harsdörffer, G. Ph.: *Poetischer Trichter.* 1647—53

Hartmann, E. von: *Philosophie des Schönen; Grundriß der Ästhetik.* (S. 235—59) 1924

Hartmann, P.: Zur Berücksichtigung der Zeit in der Sprache. *DU* X, 47—75, 1958

Hass, H. E.: *Die Ironie als literarisches Phänomen.* Diss. Bonn 1950

Hegel: *Ästhetik.* (Werke)

Hesketh, Ph.: Poetry and Unconscious Mind. *SG* XII, 597—611, 1959

Hirt, E.: *Das Formgesetz der epischen, dramatischen und lyrischen Dichtung.* 1923

Hobbes: *Brief an Davenant (Critical Essays of the 17. Century,* ed. J. E. Spingarn). 1908

Hofmannsthal, H. von: *Prosa,* Bd. IV, Aufsätze. 1951—55

Hogarth: *Analysis of Beauty.* 1753

Horaz: *Episteln; Ars poetica.*

Hübner, A. u. a.: Geistliche Dichtung. ²*Reall.* I, 540—47, 1957

Hugo, V.: Vorwort zu *Cromwell.* 1827

Huizinga, J.: *Homo ludens; Versuch einer Best. d. Spielelements der Kultur.* 1939

Humboldt, W. von: *Über die Verschiedenheit des menschlichen Sprachbaues und ihren Einfluß auf die geistige Entwicklung des Menschengeschlechts.* 1836

Hynes, S.: Poetry, Poetic, Poem. *CE,* XIX, 263—67, 1958

Hytier, J.: *Les arts de la littérature.* 1945

Immermann, K.: *Über den rasenden Ajax des Sophokles.* 1825

Ingarden, R.: *Das literarische Kunstwerk.* 1931, ³1965

— Das Form-Inhalt-Problem im literarischen Kunstwerk. *Helicon* I, 51—67, 1938

Jakobson, R.: Randbemerkungen zur Prosa des Dichters Pasternak. *Slav. Rundschau* VII, 357—73, 1935

Jancke, R.: *Das Wesen der Ironie; Strukturanalyse ihrer Erscheinungsformen.* 1929

Jaszi, A. O.: The Work and the World; Some Remarks on the Difference Between Prose and Poetry. *Dichtung und Deutung,* hrsg. v. K. S. Guthke, 43—54, 1961

Jean Paul: *Vorschule der Ästhetik.* § 75. 1804

Jolles, A.: *Einfache Formen.* 1930, ²1965

Internationales Literaturverzeichnis

Kahler, E.: The Forms of Form. *CRAS* VII, 131–43, 1963

Kames, L.: *The Elements of Criticism.* 1762

Kant, I.: *Kritik der Urteilskraft.* § 54. 1790

Kayser, W.: *O problema dos géneros literários.* 1944

– *Das sprachliche Kunstwerk.* (Kap. X: Das Gefüge der Gattung) 1948 u. ö.

– *Die Vortragsreise.* 1958

– *Geschichte des deutschen Verses.* 1960

– *Kleine deutsche Versschule.* 1946 u. ö.

Keith, A. B.: *A History of Sanskrit Literature.* 1928

Ker, W. P.: *Form and Style in Poetry.* (S. 141 f.) 1928

Kerkhoff, E.: Lyrik, Epik und Dramatik. *LT* 214, 201–4, 1962

Körner, J.: *Einführung in die Poetik.* 1949

Kohler, P.: Contribution à une philosophie des genres. *Helicon* I, 233–44, 1938; II, 96–97, 135–47, 1940

Koziol, H.: Episches Präteritum und histor. Präsenz. *GRM*, NF 6, 1956

Krause, K.: *Werkstatt der Wortkunst. Eine Poetik in Selbstzeugnissen der Dichter.* 1942

Kreuzer, J. R.: *Elements of Poetry.* New York 1956

Kridl, M.: Observations sur les genres de la poésie lyrique. *Helicon* II, 147–56, 1940

Kuhn, H.: *Gattungsprobleme der mittelhochdeutschen Literatur.* 1956

– *Dichtung und Welt im Mittelalter.* 1959

– *Zur Typologie mündlicher Sprachdenkmäler.* 1960

Kunisch, H.: Grundformen der Dichtung u. d. Dichtertums. *WW* 5, 36–47, 1954/55

Lämmert, E.: *Bauformen des Erzählens.* 1955

Lancy, B.: *Nouvelles reflexions sur l'art poétique.* 1668

Lane, L. Jr.: The Literary Archetype; Some reconsiderations. *JAAC* XIII, 226–32, 1954

Lang, L.: Nochmals über die literarischen Gattungen. *NDL* 5, 142–43, 1957

Langosch, K.: Mittellateinische Dichtung in Deutschland. *Reall.* II, 335–391, 1959

Lehmann, R.: *Deutsche Poetik.* 1908, ²1919

Lentz, W.: Oriental Types of Literary Composition as Described by Goethe. *YCGL*, X, 59–62, 1961

Lesser, S. O.: Tragedy, Comedy and the Esthetic Experience. *LP*, VII, 131–39, 1956

Lessing, G. E.: Laokoon *oder Über die Grenzen der Malerei und Poesie.* 1766

– *Hamburgische Dramaturgie.* 2 Bde. 1767/69

Levin, H.: *Literature as an Institution.* (Criticism, pp. 546–53) 1948

Lipps, Th.: *Grundlegung der Ästhetik.* 1903, ²1923

Lockemann, F.: Grundhaltungen des Stils. WW 80–93, 1951/52

Lockemann, W.: *Die Entstehung des Erzählproblems.* (Dt. Studien 3) 1963

Losch, H.: Einwirkung Indiens auf die deutsche Dichtung. *²Aufriß* III, 345–54, 1957

Lote, G.: *La poétique classique au XVIIIe siècle.* o. J.

Lotz, J.: Metric Typology. Sebeck, Th., ed.: *Style in Language* 16, 135–48, 1960

Ludwig, O.: *Mein Wille und Weg.* 1898

Lukács, G.: *Die Seele und die Formen.* 1911

Luzán: *Poética.* 1737

Mainnsch, H.: Dichtung als Nachahmung. Ein Beitrag zum Verständnis der Renaissancepoetik. *GRM* NF X, 122–38, 1960

Markwardt, B.: *Geschichte der deutschen Poetik.* 6 Bde. 1937 ff. (Bisher erschienen 5 Bde.)

Martinez-Bonati: *Zu den Fragen einer Logik und Ontologie der lit. Erzählung.* Diss. Göttingen 1957

Martini, F.: Poetik. *²Aufriß,* 1957

– Spätzeitlichkeit in der Literatur des 19. Jahrhunderts. Überlegungen zu einem Problem der Formengeschichte. (Fuchs, A., ed.: *Stoffe, Formen, Strukturen,* 440–70) 1962

Mayer, H.: *Meisterwerke der deutschen Literaturkritik.* 2 Bde. 1955 f.

Medicus, F.: Das Problem einer vergl. Geschichte der Künste. *(Philosophie der Literaturwissenschaft,* hrsg. v. E. Ermatinger, S. 188 ff.) 1930

Menéndez y Pelayo: *Historias de los Ideas Esteticas en España.* 1940

Methner, J.: *Poesie und Prosa, ihre Arten u. Formen.* (S. 172–266) 1889

Minturno: *Arte poetica.* 1563

Mohr, W.: Einfache Formen. *²Reall.* I, 321–28, 1957

– Götterdichtung. *²Reall.* I, 589-97, 1957

Moseley, E. M.: Religion and the Literary Genres. *CLS* II, 335–48, 1965

Müller, G.: Bemerkungen zur Gattungspoetik. *Philos. Anzeiger* 3, 1929

– Über die Seinsweise von Dichtung. *DVJS* 17, 137–52, 1939

– Morphologische Poetik. *Helicon* 5, 1, 1–22, 1943

– *Die Gestaltfrage in der Literaturwissenschaft und Goethes Morphologie.* 1944

Müller, J.: Zur Frage der Gattungen. *NDL* 4, 141–43, 1956

Müller-Freienfels, R.: Poetik. 1914, ²1921

Müller-Seidel/Preisendanz (Hrsg.): *Formenwandel; Festschrift zum 65. Geburtstag von P. Böckmann.* 1964

Müseler/Hugo: *Wandlungen in der deutschen Dichtung; ein Weg zum Überblick.* 1956

Mundt, Th.: *Ästhetik.* 1845

Muratori: *Perfetta Poesia.* 1705/06

Murtfeld, R. (Hrsg.): *Handbuch f. d. Deutschunterricht.* 1938

Internationales Literaturverzeichnis

Nava, N.: *Introduzione ad una Poetica nova.* 1936
Nietzsche, F.: *Die fröhliche Wissenschaft.* (2. Buch) 1886
Nivelle, A.: *Kunst- und Dichtungstheorien zwischen Aufklärung und Klassik.* 1960
Norden, E.: *Die antike Kunstprosa.* (2. Bd., S. 760 ff.) 2 Bde. 1909

Oesterley, H.: *Die Dichtung und ihre Gattungen.* 1870
Olson, E. (ed.): *Aristoteles Poetics and English Literature; A Collection of Critical Essays.* 1965
Opitz, M.: *Buch von der Teutschen Poeterey.* 1624

Pascal, R.: Tense and Novel (zu K. Hamburger). MLR LVII, 1–11, 1962
Patterson, W. F.: *Three Centuries of French Poetic Theory.* 1935
Pearson, N. H.: Literary Form and Types. *(Engl. Inst. Annals,* p. 59 ff., besonders p. 70) 1940/41
Petersen, J.: Zur Lehre von den Dichtungsgattungen *(Festschr. f. Sauer,* 72 ff.) 1926
— *Die Wissenschaft von der Dichtung.* I (S. 119–26) 1939
Petrucciani, M.: *Poesia Pura et Poesia Esistenziale.* 1957
Petsch, R.: *Gehalt und Form.* 1925
— Epische Grundformen. GRM 16, 379–99, 1928
— Goethe und die Naturformen der Dichtung. *Festschr. f. E. Ermatinger,* 45 ff. 1933
— Gattung, Art und Typus. *Forsch. u. Fortschritte* 10, 7, 1934
Pichler, H.: *Zur Lehre von Gattung und Individuum.* 1918
Pinciano, L.: *Filosofia antiqua poética.* 1596
Plaja, G. D.: *Teoria y historia de los géneros literários.* [2]1941
Pontanus, J.: *Poesia.* 1594
Pope, A.: *Essay on Criticism.* 1711
Preminger/Warnke/Hardison Jr. (ed.): *Encyclopedia of Poetry and Poetics.* 1965
Puttenham, G.: *Art of English Poesy.* 1589

Rasch, W.: Zur Frage des epischen Präteritums. *H.-Brinkmann-Festschrift* 68–81, 1961
Reich, H.: *Der Mimus.* 1903
Reichert, G.: Literatur und Musik. *Reall.* II, 143–63
Riccobanus: *Anthologie.* 1587
Richter, W.: Lehrhafte Dichtung. [2]*Reall.* II, 31–39, 1959
Robert, G.: Essai sur le comique et le tragique. *RUL* XX, 126–34, 1965
Roetteken, H.: *Poetik,* o. J.
Ruttkowski, W.: Reflexion über Grundhaltungen in der Poetik. *Seminar,* I, 1, 1965 und I, 2, 1966

Ruttkowski, W.: *Theorie der literarischen Gattungen.* 1968

– (ed.) *Einführung in die deutsche Sprach- und Literaturwissenschaft.* New York 1969

Ryan, J. J.: The Two Views of Poetry; An Essay in Reconciliation. *Ren.*, X 68–76, 1957

Saintbury, G.: *A History of Criticism and Literary Taste in Europe.* 1902 ff.

Salmon, P. B.: The «Three Voices of Poetry in Mediaeval Literary Theory». *MAE* XXX, 1–18, 1961

Scaliger, J. C.: *Poeticas libri septem.* 1561

Scarlata, G. P.: *I fondamenti della poetica.* 1939

Schaerer, R.: Le mécanisme de l'ironie dans ses raports avec la dialectique. *Revue de Métaphysique et de Morale* 48, 181–209, 1941

Schalk, F. (Hrsg.): *Ideen und Formen. Festschr. f. H. Friedrich.* 1965

Schelling, F.: *Philosophie der Kunst.* 1859

Scherer, W.: *Poetik.* 1888

Schiller, F. von: *Briefwechsel mit Goethe.* (25. 10. und 24. 11. 1797.) Hrsg. G. Gräf und A. Leitzmann, 1912

– *Philosophische Schriften.* (Ges. Werke, 8. Bd.)

Schirmbeck, H.: *Die Formel und die Sinnlichkeit; Bausteine zu einer Poetik im Atomzeitalter.* 1964

Schlegel, A. W.: *Charakteristiken und Kritiken.* 1801

– *Vorlesungen über dramatische Kunst und Literatur.* 1846

– *Vorlesungen über schöne Literatur und Kunst.* 1884

Schlegel, Fr.: *Prosaische Jugendschriften.* 1882

– *Briefe an A. W. Schlegel.* 1890

– *Gespräch über Poesie.* 1924

Schlegel, J. A.: *Einschränkung der schönen Künste.* 1751

– *Von der Einteilung der Poesie.* 1751

Schmid/Stählin: *Geschichte der griechischen Literatur.* 1924 ff.

Schmidt, E.: Über Gebärde in Ballade, Novelle und Drama. *WW* X, 1960

Schneider/Mohr: Mittelhochdeutsche Dichtung. *²Reall.* II, 324 ff. 1959

Schopenhauer, A.: *Die Welt als Wille und Vorstellung.* 1819

– Zur Methaphysik des Schönen. *(Ästhetik, Parerga und Paralipomena)* 1850/51

Schröder, W. J.: Form, *²Reall.* I, 468–71, 1951

Schwarz, J.: Der Lebenssinn der Dichtungsgattungen. *Dichtung und Volkstum* H 2, 93–108, 1942

Seidler, H.: *Die Dichtung.* 1959

Sengle, F.: Der Umfang als ein Problem der Dichtungswissenschaft. (Alewyn, R., hg.: *Gestaltprobleme der Dichtung*, 299–306) 1957

Sisson, C. H.: Natural History. (On the Genesis of Poetry) *XR*, 1961

Snell, B.: *Poetry and Society; The Role of Poetry in Ancient Greece.* 1961

Internationales Literaturverzeichnis

Sorrento, L.: Il Genere letterario e la Poesia Popolare. *Helicon* II, 1, 98, 1940

Spielhagen, F.: *Neue Beiträge zur Theorie und Technik der Epik und Dramatik.* 1898

Spingarn, J. E.: The New Criticism. (S.: *Creative Criticism*) 1910, [2]1917

Spitteler, C.: *Briefe an A. Frey.* (Hrsg. v. Lina Frey) 1933

Spoerri, Th.: *Präludium zur Poesie.* 1929

Staiger, E.: *Grundbegriffe der Poetik.* 1946 u. ö.

– Andeutung einer Musterpoetik. (Kron, W., hg.: *Unterscheidung und Bewahrung* 48, 334–63) 1962

Stammler: Poetik. [2]*Aufriß*, 223–80, 1956

Strich, F.: Die Übertragung des Barockbegriffes von der bildenden Kunst auf die Dichtung. (*Kunstformen des Barockzeitalters*, hrsg. v. R. Stamm, 243–65) 1957

Sulzer, J. G.: *Allgemeine Theorie der schönen Künste.* 1771–74

Tasso, T.: *Discorsi dell'arte.* 1587

Thibaudet, A.: *Physiologie de la Critique.* (S. 184 ff.) 1930

Towne, F.: Logic, Lyric, Drama. *MP* LI, 265–68, 1954

Trissimo: *Ars Poetica.* 1529/63

Ueda, Maketo: The Nature of Poetry; Japanese and Western Views. *YCGL* XI, 142–48, 1962/63

Untermeyer, L.: *The Forms of Poetry.* 1927

Valentin, V.: Poetische Gattungen. *ZfVergl. Lit. Gesch.* NF. 5, 35–51, 1892

Van Tieghem, P.: La Question des genres littéraires. *Helicon* I, 95–101, 1938

de Vega, L.: *Arte nuevo de hacer comedias.* 1609

Vida, H.: *Poetik.* 1520/27

Viëtor, K.: Probleme der lit. Gattungsgeschichte. *DVLG* 9, 425 ff., 1931 und in: *Geist und Form* (S. 292–309), 1952

Viperanus, J. A.: *De Poetica libri tres.* 1558/79

Vischer, F. Th.: *Ästhetik.* 1857

Volkelt, J.: *System der Ästhetik.* 3 Bde. 1905/14

Vossius, G. J.: *Poetica.* 1647

Voßler, K.: *Poetische Theorien in der ital. Frührenaissance.* 1900

– *Dichtungsformen der Romanen.* 1951

Wackernagel, W.: *Poetik, Rhetorik und Stilistik.* 1837

Walley/Wilson: *The Anatomy of Literature.* 1934

Walzel, O.: *Die künstlerische Form.* (Dt. Abende 3) 1916

– *Das Wortkunstwerk.* 1926

Warren, A. H.: *English Poetic Theory: 1825–65.*

Warren/Wellek: *Theory of Literature.* (Chap. 17: Literary Genres) 1942 ff., dt. 1959

Wehrli, M. *Allgemeine Literaturwissenschaft.* 1951

Weimann, R.: Erzählerstandpunkt und Point of View. *ZAA* 369–416, 1962

Wellek, R.: *History of Modern Criticism.* 2 Bde. Yale 1955

– Wilhelm Diltheys Poetic and Literary Theory. *Weigand-Festschrift,* 121–132, 1957

Weniger, H.: *Die drei Stilcharaktere der Antike.* 1932

Weston, H.: *Form in Literature. A Theory of Technique and Construction.* 1934

Whitmore, Ch. E.: The Validity of Literary Definitions. *PMLA XXXIX,* 722–36, 1924

Wiegand, J.: Humor. *Reall. I,* 727–33

– Komische Dichtung. *Reall. I,* 869–76

Wiese, B. von: Bemerkungen über epische und dramatische Strukturen bei Schiller. *JSG II,* 60–67, 1958

Wilamowitz-Moellendorff: Die griech. u. lat. Literatur u. Sprache. (Hinneberg, P., hg.: *Kultur der Gegenwart I,* 8) 1905

– *Hellenistische Dichtung.* 1924

Williams, G.: On Sentimentality. *RUSE CI,* i, 125–39, 1965

Winkler, E.: *Das dichterische Kunstwerk.* 1924

Wittsack, W.: Sprechkunde. *Aufriß III,* 1685–1722, 1957

Wolff, E. G.: *Ästhetik der Dichtkunst.* 1944

Wundt, M.: Literaturwissenschaft u. Weltanschauungslehre. *(Philosophie d. Lit. Wiss.,* Hrsg. Ermatinger, S. 398 ff.) 1930

Aeschylos 38
d'Annunzio, G. 38
Aristoteles 24, 26–29, 35, 41, 45, 113–114
Arnim, A. von 67, 136

Balzac, H. de 96
Behrens, I. 113–114
Beißner, F. 75, 124
Benn, G. 127
Berger, K. 36, 105, 115–116
Beriger, L. 123
Blais, H. 34
Boccaccio, G. 12–13, 130
Boileau, N. 33
Brecht, B. 18, 70, 77–87, 98–99, 117, 127, 130, 134, 136
Brentano, Cl. von 67
Browning, R. 38
Brunetière, F. 106
Büchner, G. 13
Bürger, G. A. 54
Busch, W. 55
Byron 38

Cassirer, E. 35, 90
Claudel, P. 38
Claudius, M. 56
Coislinius 29
Courths-Mahler, H. 134
Croce, B. 7, 105–106
Cysarz, H. 109

Dallas, E. S. 35–36
Dante 38, 41
Dilthey, W. 108–109, 117
Diomedes 30
Donohue, J. J. 113–114
Dostojewskij 96
Doyle, C. 40

Drach, E. 17
Dumas-Fils 38
Durant, W. 115

Eichendorff, J. von 96
Eppelsheimer, H. W. 112
Ermatinger, E. 108–109
Erskine, J. 35

Flemming, W. 46, 117, 127, 130, 134
Fontane, Th. 63, 96
Freytag, G. 22, 134

George, St. 46
Goethe, J. W. 5, 13, 22, 29, 38, 43 bis 44, 46–52, 54, 57, 67, 87, 91 bis 92, 96, 98, 111–112, 114, 118, 123, 130–131
Gotthelf, J. 18, 62
Grass, G. 92
Grillparzer, F. 35
Grimmelshausen, H. Ch. 96, 120
Guérard, A. 14, 38, 42, 105
Guilbert, Y. 119

Hall, V. 115
Hamburger, K. 29, 43, 44, 99
Hardy, A. 38
Hartmann von Aue 119
Hartmann, E. von 37, 42
Hauptmann, G. 13, 38, 99, 134
Hegel, G. W. F. 35
Heidegger, M. 35
Heine, H. 56, 87
Herodot 26
Hesiod 31
Hesse, H. 43, 64
Hofmannsthal, H. von 120
Homer 19, 33, 38, 54, 87, 95, 130

TITELREGISTER

(Werke, die ausführlicher zitiert oder interpretiert werden,
erscheinen kursiv)

INHALT